ネットがつながらなかったので仕方なく本を1000冊読んで考えた

そしたら意外に役立った

Takafumi Horie
堀江貴文

角川書店

ネットがつながらなかったので仕方なく
本を１０００冊読んで考えた

プロローグ

２０１１年６月19日　自宅　オンライン

新聞やテレビなどのオールドメディアに頼らず、インターネットで効率よく情報を手にしていた。多くのチャンスは、情報の差によって生まれる。誰よりも効率的な情報収集こそが、〝誰も手にできない未来〟を自分のものにする方法なのだ。

２０１1年6月20日　東京拘置所　オフライン

持ち込んだ本は、まだ手元には届いていない。部屋にあるのは「官本」として置かれている2冊。なんと『蹴《け》りたい背中』（綿矢《わたや》りさ）と、『結婚なんてしたくない』（黒田研二）。主な情報源は紙の新聞。ラジオは聴ける。テレビはない。

たった1日で、半世紀以上も昔の情報環境に逆戻りである。

この後、長野刑務所に移ってテレビが見られるようになっても、せいぜいローカルニュースと、録画番組。しかも僕の刑期は2年半……。

〝情弱〟になるには、十分すぎる時間と環境だ。

他の囚人たちと同じように過ごしていては、同じように情弱になって、シャバに出る頃には浦島太郎。一般人以下確定である。一刻も早く、この「強制情弱状態」を脱出しなければならない。

収監と同時に、僕の人生でもっとも過酷な情報戦が始まった――。

刑務所内で僕を情弱から救ってくれたのは、スタッフが差し入れてくれるブログやツイッターのプリントアウト、雑誌、そしてのべ1000冊に及ぶ本だった。

正直なところ、収監されるまでの人生で、本をそれほど読んだことはなかった。とにかく時間がなかったからだ。日々更新される情報にキャッチアップし、分刻みのスケジュールで人と会い、ビジネスを推《お》し進めることに追われていた。
ゆったりと時間をかけて活字を追うことなど、想像もできなかった。読んだとしても、いかに有益な情報を、できるだけ短時間で吸収できるかだけを考えた読み方だった。

しかし、刑務所の中であっても時間がないのは同じだ。いや、むしろそれ以上だった。

自分で自由に時間を管理することが許されない。義務付けられた作業をこなし、運動をし、消灯時間を守り、決められた時間を眠る。その中で、僕が発行しているメールマガジンの原稿も執筆（手書き）しなければならないし、新聞、雑誌も読まなければならない、送られてくる様々な仕事もこなさなければならない。本を読む時間は、限りなく少ない。

それでも僕は読みきった。シャバにいた頃には想像もできない冊数を、どんどん消化した。

刑務所という環境の中で、面白い本や、重要な情報をもたらしてくれる本を手に入れるには、シャバにいる時にも増した「効率のよい選定」が鍵《かぎ》を握る。

場所は変わっても、時間との戦いを制するのは、効率的な情報収集。

自分にとって、もっとも重要なものだけを得られる状態を、いかにつくるかにかかっている。


そして、刑務所の〝情報の壁〟は厚い。

ネットでリアルタイムの情報収集はできず、書籍は差し入れでしか送られて来ない。すべての書籍は官（刑務官）の検閲にかけられ、面倒な手続きが必要だ。自分の持てる本の数は、部屋の本棚と、私物バッグに入る分に限られている……。

この膨大なプロセスと制約を経なければならない上、本というのは、ウェブマガジンのようなニューメディアではなく、時間対効果はよくない。ハズレを引いてしまうことによる1冊あたりの時間的損失は計り知れない。


この壁をいかに乗り越え、面白い本を手に入れたか——僕の試みの結晶が、この本におさめられたブックリストである。
そして、圧倒的な情報の壁を乗り越えて僕のもとにたどり着いた本たちは、出所後の今でも役立つ知識を、与えてくれた。
これらの本は、いわば僕が刑務所という情報の壁の向こう側で、時間と戦いながらキュレーションした名作たちである。この本のおかげで僕は、仮釈放されても、前以上のパフォーマンスでシャバに復帰できたと言えるかもしれない。

そう、僕の「情報脱獄」は、成功したのだ。刑務所の圧倒的な強制情弱状態から脱し、ビジネスから歴史、人生についてまで、様々な「新しい考え方」を生み出すこともできた。この本には、その軌跡を、厳選した42冊の書評とともに、綴《つづ》りたいと思う。

また、巻末には、刑務所内で参考にしていた書評サイト『HONZ‐ノンフィクションはこれを読め！』を主宰する、僕が敬愛する本のキュレーター・成毛眞《なるけまこと》氏との対談も収録した。併せて楽しんでもらいたい。

堀江　貴文

目次

第1部 僕が本を読みながらツラツラ考えたこと

1.「こうなるといいのに」を実現する働き方【仕事・ビジネス】　19

2. 情報を鵜呑みにする日本人へ【情報】

3. 破天荒でいい――「人生に倍賭けする」生き方【生き様】

第2部

【堀江貴文×成毛眞・対談】「どうやって僕らは本を探し、読むのか？」

第1部

僕が本を読みながらツラツラ考えたこと

1.「こうなるといいのに」を実現する働き方

【仕事・ビジネス】

「やりたいこと」をやれる環境は整った！

これだけ環境が充実しているんだから、みんな、もっとやりたいことをやればいいと思う。

今「やりたいことが、できない」なんて言っていたら、それはもはや自分は情弱だと言っているようなものだと僕は思う。

ことビジネスにおいて、「やりたいこと」を実現するまでのハードルは、一昔前に比べたら圧倒的に下がっている。手軽に使える「もの」や「機会」をうまく組み合わせれば、やりたいことが自由にできる環境を、誰でも整えることができる。

インターネットで、情報はいくらでも手に入る。

いっしょに起業する仲間ですら、ＳＮＳで見つかる。

オフィスもシェアオフィスで。人脈も一緒に格安で手に入る。

起業するにもお金がかからない。

そして、様々な分野で、プロとアマチュアの機材の差がなくなってきている。

特別な才能や頭脳ではない。**やりたいことをやるための環境は、適切な情報さえ持っていれば、今や誰でも簡単に整えることができる。**

さらに言えば、新しいオフィスなんていらないかもしれない。パソコンが1台あれば、どこでも仕事ができる。

この10年ほどの間に日本では起業ブームがあり、そのピーク時に僕はライブドアにいた。

今はといえば、世間では「ノマド」が人気のキーワード。ノマドの話題が一番ホットだった頃、僕は刑務所にいた。

しかし、仮釈放中の身になって、僕も今やノマド・ワーカーだ。

少し堅い言い方をすれば、ノマドは「インターネットによる社会の情報化と、情報インフラの充実化によるクラウド・コンピューティングの賜物《たまもの》」。

僕が起業した頃とは、様子がちょっと違う。

当時は〝1円起業〟なんてできなかったし、シェアオフィスもなかった。何より、インターネット回線を引くだけでも大変だった。

資本金600万円で「有限会社オン・ザ・エッヂ」を起業した96年当時は、64kbpsのインターネット回線の月額利用料がなんと7万円だ。

その2〜3年後に1・5Mbpsの回線が40万円くらいで引ける「ディジタルアクセス1500」というのが出てきた時ですら、「うわっ、安っ！」と思った。そんなレベルだった。

今は40Mbpsのモバイル・インターネットが月2000円前後なんて当たり前。iPhoneのテザリングでも十分速い。

パソコンも安い。かつて100万円近い投資が必要だったMacの最新機種が、10万円を切る。

投資感覚が体に染み付いているせいか、最近はついついMacを大人買いしがちになってしまう。デスク用にリビング用、持ち歩き用……MacBookなんて何台あるか数えられない。

何台あっても同じ環境で使えるし、「iCloudで同期しとけばいいや」という感じが嬉《うれ》しい。もはやパソコンは「高スペックの1台をガッツリ使いこなす」というものではなくなった。

どのつまり、目の前にあるパソコンが、会社で仕事をしている環境と同じであり、そこでの仕事が実際に出社してやる仕事と同じ効果を出せれば、どこでやっても同じなわけで。

もはやノマドは、デザイナーやライターなどのフリーランサーだけの言葉ではなく、新しい働き方として企業にも採り入れられる概念になってきている。

たとえば、本書にも登場する成毛眞さんが設立した株式会社インスパイアでは、オフィス内はフリーアドレスだ。ノマドを前提にしているので、出社は義務付けていない。来たい人だけ必要に応じて来ればいい、というスタンスだ。

だから、全社員が出社すると、オフィスの椅子が足りなくなるらしいが、そもそも全社員が出社すること自体がほとんど無いという。

高度な情報化と効率化が、働き方、そして会社のあり方を変えている。新しい仕事もいろいろ生まれているし、起業家もたくさん出てきている。そもそも起業自体が特別なものではなくなりつつもある。

資金調達の面でも、だんだん〝エンジェル（投資家）〟的な人が増えてきているからラクだ。クラウド・ファウンディングも、現実的な選択肢に入れることができるだろう。スタートアップの金銭的ハードルがどんどん低くなっている。実質、50万円か100万円の世界。車の購入よりも気軽といえる。

誰でも、「やりたいこと」に簡単に近づいていけるようになった。

家入一真《いえいりかずま》さんの『新装版 こんな僕でも社長になれた』（家入一真）を読んだときも、改めてそう感じたものだった。

〝ペパボ〟ことpaperboy&co．創業者の家入さんは、僕たちの見てきた起業家像とは程遠い人物だ。

そして本作は、タイトル通り、〝らしくない〟IT企業社長のサクセス・ストーリーである。実は僕はこの本に「L社」の「H氏」として登場している。収監前はそこだけを読んでいたので、服役中に全部を読んでみたのである。

彼の持つドラマ性には、この本がビジネス書であることを忘れさせるものがある。ひきこもりの青春を過ごして高校を中退し、芸大を志すも2年連続で落ち、結局、最終学歴は高卒（大検に合格）。その後、父親の交通事故と借金で家庭崩壊、そのさなか当時女子高生だった奥さんとはネットで出会っている。まさにネット系オタクど真ん中だ。

それが今やIT業界で、彼の名前と、100万人が利用するレンタルサーバ「ロリポップ！」のことを知らない人などいないだろう。各種媒体のインタビューにもひっぱりだこの売れっ子社長だ。

オドオドしながら少しずつ自分のやりたいことに近づいていき、自分ができる起業の形を手探りでつくっていく――このたよりない子煩悩な男の物語は、新しいIT起業物語として読ませる。本当に、**「こんな人でも、社長になれるのか」「やりたいことが、こんなにも自然にできるのか」**と勇気をもらう人もいるだろう。

起業が始まるくだりには、実に全体の3分の2を読み進めなければならないが、ようやくたどり着いたと思った起業動機も「子どもの誕生の瞬間、過ぎていく一日一日を、一番近くで見ていたい」である。

「世界を変える！」が口癖のギラギラ起業家とは真逆だ。世界なんて変わらなくていいから、家族を変わらず大切にしたい、そんな人物が、今、もっとも新しい起業家像であり、働き方なのかもしれない……時代を感じるなあ（笑）。

そんな家入さんと僕には、古い接点がある。8年ほど前に、彼の会社を買収しようとしたことがあるのだ。本作にはそのことがサラリと書かれている。

僕は彼を会食に誘い、恵比寿《えびす》のカラオケ店で女の子をいっぱい呼んで接待したところ、逆にドン引きされてしまった。8年前にすでに注目を集めつつあった家入さんは、女性には疎い、シャイでオタクな青年だったのだ。

おまけに、僕を含むさまざまな会社からお誘いが来ていたにもかかわらず、彼は「M&A」や「株式交換」といった言葉すらもはじめて聞いたという。

収監直前に僕が六本木《ろっぽんぎ》で飲んでいたら偶然彼と出会い、「あれっ？　もう帰ってきたんですか？」「まだ入ってねーよ！（怒）」といったやりとりをした。多少フランクにはなったが、今も内面はあの頃のままだろう。

そんなわけで、人一倍内向的でアンラッキーな彼にも、やりたいことができたんだから、どう考えたって、誰にでもやりたいことができると考えて然《しか》りだ。おまけに環境も家入さんの起業時代よりも遥《はる》かに整ってきている。やりたいことやアイデアを形にできるハードルはどんどん下がっているのだ。

それに、僕がよく言っていることではあるけど、いかに素晴らしいアイデアを思いついても、世界中で同じ事を考えている奴なんていっぱいいて、そのことがインターネットで瞬時に共有される。そうなると、**アイデアそのものの価値は、限りなくゼロに等しくなっていく。**

この状況で成功できるかどうかは、いかに速く、あるいはタイミングよく実装できるかどうかにかかっていると言えるだろう。

やってみたいと思ったら、まずは情報を集めて実際にやってみること。考えたり躊《ちゅう》躇《ちょ》したりしている時間こそが、ビジネスにとっては致命的なロスだし、そんなこと、世界中のビジネスパーソンの誰もが知っている時代だ。

日本人はもうちょっと“わがまま”になったほうがいい

言わずと知れたことだが、日本人は真面目な人種だ。海外のホテルマンがお客を評価するランキングでも、日本人がいつも「一番いい観光客」として、圧倒的上位に入るらしい。国際的にも「扱いやすい人種」と思われているということだろう。

僕たちは、そんな日本人の真面目さ、そこから生まれる丁寧さにいつも感動を覚えてきたものだ。

職人の手仕事、ものづくりの魂、もてなしの心……これらは誰もが疑わない日本人の素晴らしさだ。しかし、真摯《しんし》で丁寧だと尊敬され、信頼される反面、真面目な人というのは扱いやすく、騙《だま》されやすい側面も持っている。

ことビジネスにおいて、“真面目さ”は真の美徳になり得るのだろうか。

これからの時代、僕たち日本人は、その真面目さを疑うことも、時には必要なんじゃないのか？

「そもそも日本人って、なんで真面目が好きなんだ？」

塀の中でふとそう思った時、手の中にあったのは『カレチ』（池田邦彦）という漫画だった。

この本は、いい意味でも悪い意味でも真面目な日本人性というものを、鉄道ドラマを通して描き出している秀作。〝鉄オタ〟じゃない人が読んでも感動できる〝鉄学書〟だ。漫画だけど。

蒸気機関車や、世界初のオンライン予約システムといわれる「マルス」など、往年の鉄道ファンにとってはキラーコンテンツとしか言いようがないものの数々が、〝ALWAYS　三丁目の夕日〟の世界観で繰り広げられる、といった感じだ。

「カレチ」という聞きなれない言葉は鉄道業界用語で、長距離列車の旅客列車に乗務する客扱専務車掌・旅客列車長「りょ**か**く**れ**っしゃ**ち**ょう」の略称だ。

この物語の主人公・荻野《おぎの》は、そのカレチである。

彼が、ものすごく真面目で勤勉なカレチとして登場する舞台は、ＪＲがまだ「国鉄」だった頃、ノスタルジーたっぷりの昭和40年代の日本。当時の国鉄は、伝説の職人運転手たちが腕をふるい、温かい人間模様のある、職人気質の会社だった。

しかし、国鉄は昭和62年に民営化され、今のＪＲになった。それに伴い、荻野のようなカレチは姿を消し、合理化による経営にシフトしてゆく。

国鉄の持っていた古き良き「真面目さ」や「丁寧さ」は、現代的な合理化の前で邪魔になったのだろう。国鉄が国鉄ではなくなっていくことへの主人公の問題意識とノスタルジーが交錯して、時に涙を誘う。

一話読み切りのストーリーの中では、現在のＪＲの幹部になっているような人が、年老いてしまった主人公・荻野に出会うシーンなどもある。

引退後であっても、ＪＲのサービスの悪さ、細かな気配りができていない様子を「相変わらずだな」と言って嘆く荻野。その極端に真面目な様子に、読んでいて「そりゃあ、赤字にもなるわなあ」と思う反面、彼らの正確な列車運行のノウハウや情熱には脱帽する。

鉄道ものなのだが、鉄オタ以外にも読ませるのは、人間ドラマとしてきちんと消化し切れているからだろう。鉄オタでなければ読めないというわけではなく、さらに鉄オタが読んでも抜群に面白い。それもそのはず、作者の池田邦彦さんは鉄道関係のライターとして長いキャリアを持ち、43歳で漫画家デビューを果たしたという人物。細部の描写はさすがだ。

日本人の真面目さを考えるため、ここで同じ作者の作品である『シャーロッキアン!』(池田邦彦)も紹介しよう。

アーサー・コナン・ドイルが生み出したシャーロック・ホームズを「実在した人物」と仮定して、その物語を「実際に起こった事実」と捉《とら》える熱狂的ファンのことを〝シャーロッキアン〟という。こうした人種は世界中にいるらしい。

僕はあまりひとつの物事に身を委《ゆだ》ねる「ファン」というものにならないのでよくわからないのだけど、この本の面白さは、そんなシャーロッキアンから見た、ホームズのサイドストーリーであるという点だ。

主人公は書店でアルバイトをする女子大生の原田愛里と、大学教授の車路久というシャーロッキアン。この2人がコンビを組んで、「シャーロック・ホームズ」物語に隠された、知られざる謎に挑んでいく、というストーリーだ。テツから一転、の探偵ものである。

本作の中で、愛里が車教授の誕生日プレゼントにと、蚤《のみ》の市で『ビートンのクリスマス年鑑　1887』という雑誌の初版本を2万円で手に入れるというエピソードがある。雑誌にしては高い。それもそのはず、なんとこの本はホームズシリーズ第1作として知られる『緋色《ひいろ》の研究』が初めて掲載された雑誌なのだ。そして、もし本物ならば1200万円はする代物だという。怒濤《どとう》の99・98%オフだ！

なんでそんなプレミア本が蚤の市で売ってんだよと思わせながら、それと並走して、本家ホームズがバイオリンのストラディバリウスを安く手に入れたエピソードが紹介される。

ストラドことストラディバリウスは、現在では数億円の価値があるバイオリンの銘器中の銘器だ。ホームズはこれを、骨董屋《こっとうや》で発見する。売値を見たホームズは、この骨董屋の店主がストラディバリウスだと知らずに売っていることを察する。そしてまんまと二束三文で手に入れてしまうというエピソードだ。

車教授はシャーロッキアンの立場から、ホームズのこの行為が「ホームズらしくないエピソード」だと主張する。きちんと店主に知らせ、相応《ふさわ》しい値段で買わなければいけない。それこそがホームズだと言うのである。

そんなことを言っても、実際にコナン・ドイルが書いたのがそういうエピソードなんだから、ただのファンがどうこう言っても仕方ないじゃないか（笑）と思ってしまうが、それが本作の面白さだ。シャーロッキアンが持つホームズの美学というのは、もはやコナン・ドイルの創作としてのホームズから一人歩きしてしまった、二次創作的な概念なのだ。

かくしてホームズのバイオリンと同じ方法で手に入れてしまった『ビートンのクリスマス年鑑　１８８７』はどうなるか……ここは、読んでみてのお楽しみということにしておくが、この教授がどういうことを言うかはだいたい予想できるだろう。

この作者の2つの作品に通底しているのは、日本人の「真面目の美徳」だ。

そして日本人はこの美徳にすっかり感動してしまう。もちろん僕だって嫌いじゃない。そして愚直さを愛し、「正直者がバカを見る」ことを忌み嫌う人種であることも、いろんなことを反芻《はんすう》しながら読んで思った。

これは日本人の尊厳の哲学でもある。苦労して、勤勉に励み、結果を出した人こそが尊敬に値する。その真面目な生き方こそが、美徳とされてきた。

真面目であることを否定するつもりは毛頭ないが、**日本人のこの真面目さは、ときに商売の本質を否定しかねない**とも思える。

たとえばホームズがストラディバリウスを買ったときは、情報のアービトラージ（金利差や価格差を利用して利ザヤを稼ぐ取引）で儲《もう》けているわけだ。そして、資本主義で勝つためには、この情報のアービトラージを活かすしかないといっても過言ではない。

となると、車教授の発言に共感しがちな、愚直さを愛する日本人は、資本主義において狡猾《こうかつ》になれない生き物ということにはならないだろうか？

「真面目さ」に対して、いつも無邪気に感動してしまうけど、グローバル化の時代、世界で勝ちたいなら、その真面目さを疑うことも時には必要だろう。真面目さの美徳は、日本の中では理解してもらえるが、世界では「正直者がバカを見る」論理が時には正義になることもある。

純粋なものは脆《もろ》い。金属と同じだ。

「素晴らしい愚直さに、少しわがままを」——この感覚が日本人には必要ではないだろうか？

そんなことを考えさせられた2冊だった。

なぜ日本では「怪物」が育たないのか？

アメリカにしかいない、怪物たちのことが書かれている本を紹介しよう。怪物といっても、かわいい怪物だ。その名も〝理系の子〟。主人公は子どもたちだ。別にアメリカをことさら持ち上げる気はない。海外に出て行くのがえらいとも思わない。ただ、**核融合炉を自作できる子どもが一人でも育つ国と、育たない国とでは、その差はかなり大きい**ということを、本作を読むとまざまざと思い知らされる。

そしてその差は、そのまま国の成長力や生産性に如実に現れることは言うまでもないだろう。

『理系の子―高校生科学オリンピックの青春』（ジュディ・ダットン、横山啓明訳）は、毎年アメリカで開催されるインテル国際学生科学フェア（Intel ISEF）の参加者たちを追ったドキュメンタリーだ。このサイエンス・フェアには毎年、約50カ国の国々から、1500人以上の高校生が集まり、400万ドルを超える賞金と奨学金をかけて戦いが繰り広げられる。いわば科学のオリンピックだ。

どう考えても面白いに決まっている。だから高校生は夢中になれるし、天才も生まれるのだ。

本作の主な登場人物は12人の高校生だ。2人ほど紹介したい。

10歳のテイラー・ウィルスンはある日、両親を家の裏庭に呼んだ。そして、得意げにプラスチックの小さな薬瓶を両親に見せる。薬瓶の先には紐《ひも》がついており、テイラーはそこに火をつけた。父親も母親も、危ないとは思っていただろうが、小さい瓶だし、それほど心配もないだろうと思っていたのかもしれない。

数秒後、雷鳴のような爆音が轟《とどろ》き、近所は一時騒然となった。そして周囲の住人はウィルスン家の裏庭を見て驚いた。そこにはキノコ雲が立ち上っていたのだ。

これがテイラーの、初めてつくった爆弾だ。プラスチック薬瓶に入っていたのは硝酸カリウムを含む切り株破砕《はさい》剤。これに砂糖を加えて火をつければ爆発することを、テイラーはインターネットの情報から知っていたのだ。

この少年が4年後、つまり14歳になる頃、インテル国際学生科学フェアで賞を獲得することになる。実験のタイトルは「2・5メガエレクトロンボルト中性子流量における臨界値以下の中性子増倍」。乱暴に翻訳すれば、「核融合炉をつくった」ということになるだろう。

彼がまさに〝アトム・ボーイ〟になったターニングポイントは、祖母からもらった『放射性ボーイスカウト』（すごい名前だな・笑。原題『Radioactive Boy Scout』）という一冊の本だった。

これはデイヴィッド・ハーンという10代の少年が、1990年初頭に裏庭の納屋で原子炉をつくろうとしたという実話である。まったくとんでもない話が次々出てくる。さらにデイヴィッドに至っては、核爆発で近所をふっ飛ばしそうになったという。子どもの無邪気な遊びが第3次世界大戦すら誘発しかねないぞ。

テイラーはこの本に強く惹《ひ》かれ、ガイガーカウンターを手に入れたり、大学の研究室に潜り込んだり、学校にある電子レンジでブドウを使ってプラズマを発生させたりと、次々に武勇伝を生み出し、ついに核融合炉誕生に漕《こ》ぎ着ける。

続いては、エリザベス・ブランチャードという女の子のエピソード。

ウェーブのかかった茶色の髪、大きな瞳、そして陽気な性格の持ち主である彼女は、かわいらしい、どこにでもいそうな年頃の女の子だという。ただ、ハンセン病であることを除いては。

ハンセン病と聞くと、ただれた皮膚や、萎縮する四肢、隔離されて死んでゆく患者の姿を思い起こすことだろう。こんな女の子もいつかはそうなってしまうのか……と読み始めて辛《つら》い気持ちになる。エリザベスが16歳で初めて〝宣告〟を受けた時の気持ちを想像すると、息がつまりそうだ。

しかし、現実は違う。もはやハンセン病の「現実」は変わっているのだ。

隔離の必要はない。95％の患者は自然治癒し、治療をはじめると菌は感染力を失い、病気が広がらないことも知られている。初期段階なら2種類の薬、ダプソーンとリファンピシンを飲めば症状を抑えることができる。うまくいけば、痛みもなければ容貌《ようぼう》を損ねることもない（エリザベスも症状は初期段階にあたる）。

科学の進歩によって、ハンセン病は過去のものになってしかるべきだ。しかし、問題は差別と偏見だ。現代におけるハンセン病の病巣は、らい菌ではなく、その社会的イメージにある。そしてエリザベスは、このイメージと戦った勇敢な女性になったのだ。

彼女の戦いは、ハンセン病であることを学校でカミングアウトすることで始まる。友達は味方だった。特に深刻ないじめもなかったが、プールに入ることをコーチに止められたりしていた。エリザベスは、その体でどんな偏見や差別があるか、あるいはどう説明すれば受け入れてもらえるかを実験していった。

薬の副作用で小便がオレンジ色になることを友達に見せたりもした。友達は侮蔑《ぶべつ》の視線ではなく、むしろ好奇の目線でエリザベスと新しい交流を始めていった。エリザベスもその視線を不快には思わず、新しい自分として受け入れていく。

ハロウィンが近づくと、友人のボーイフレンドから「ローブをまとって鈴を手にした、ハンセン病患者の恰好《かっこう》をすればいいよ」という誘いすら来る始末。エリザベスはその大胆でクールなパーソナリティーで、ハンセン病への差別は「時代遅れなもの」であるというメッセージを、自分らしく発信していった。

そして転機が訪れる。エリザベスは友達のキャロラインとともに、サイエンス・フェアに向けてハンセン病を研究することにしたのだ。エリザベスは何よりも、自分が若く、初期段階であるという境遇を理想的と捉え、自らが広告塔となって、ハンセン病のイメージ刷新を狙った。

治癒した後も体の中にらい菌がどのように残るのかという彼女らの研究発表に、サイエンス・フェアの審査員は感銘を受けた。そして何よりも、このエリザベスという女性に世間が刮目《かつもく》した。ワシントン・ポスト紙にピープル誌まであらゆるメディアが彼女を特集した。国立ハンセン病療養センターでは、ピープル誌の彼女の特集が新しい患者に手渡された。

そしてエリザベスは、国立ハンセン病療養センターの歴史の中で、本名で自らの経験を語ったはじめての患者となった。

エリザベスの成果は、人々に恐怖心を引き起こしていた病気のイメージを変えたことにある。その度胸と行動力を、世界が讃《たた》えた。そしてそれは、ハンセン病の歴史が変わった瞬間だったのだ。

この本は読み進めるにつれ、**子どもたちに必要なのは夢や希望だということ**も再確認できる。そして、楽しんでやりたいことに集中すること。あれ？　でもこれって大人にとっても大切なことなんじゃ……？

その一方で、日本の子育てや教育を見てみれば、多様性を重視しているようには思えない。『理系の子』の巻末に収録されている、日本の参加者たちの小利口さやスケールの小ささが残念に思えてならない。すごいんだけど、面白くないのだ。

別にアメリカを褒め称《たた》える気はないけれど、そもそも大統領が「国家の科学力を向上させるために、科学者を芸術・スポーツ同様にスター化させねばならぬ」と説く国は、少年少女の段階で桁《けた》違いのスケールがあることをやってしまう。

そしてその少年少女がいずれ、その国を背負って立つ人材になり、スケールの大きな成功をおさめ、世界を驚かせる〝怪物〟になることは、間違いのないことだ。

常に何かを「生み出す脳」に

新しいビジネスモデルは、条件反射的に考えるのがいい。

新聞を眺めて、書いてあることに一喜一憂したり、テレビのコメンテーターのご意見をありがたがるのではない。

情報が入ってきたら、すぐにビジネスモデルにしてアウトプットする習慣をつける。「この技術があれば、こんなビジネスが可能かもしれない」と、条件反射的に考えていくのだ。

それだけで、目の前の風景も、自分の働き方もずいぶん変わるんじゃないか？

本を読んでいる時も同じだ。

特にサイエンス系のノンフィクション本を開いていると、字を読むことよりもビジネスモデルを考えることのほうに頭を使ってしまう。それがむしろ普通だ。

だって、そのほうが生産性が高いから。本の内容なんて、読んでもすぐ忘れちゃうし。「後で考えよう」と思っても、その時は永遠にやってこない。

最近、医療系のビジネスに関心を寄せている（普段からビジネスモデルをゴリゴリ考えるのが条件反射みたいになっているので、特別なことではないが）。他にもいろいろやっているし、ビジネスを医療に特化することなんて考えていないが、たとえば、「医療検査機器のオールインワンパッケージ」なんかを構想している。

今最先端の糖尿病検査は、針で指に小さな穴をあけて、少し出た血を「試験紙」につけて、それを検査機に入れると結果が出る、といった仕組みだ。これなら病院に行って、長い間待たされることもないし、検査機があれば病院じゃなくても検査が受けられる。

すごくいいじゃないか、と思ってしまうけれど、売値としての価格が高い。

なんで高くなるのかと見ていくと、収益モデルがコピー機と同じ仕組みになっているわけだ。コピー機というのは、コピー機自体の価格を下げて、トナーなどのサプライで儲けていく仕組みが主流だ。

検査機もこれと同じで、さきほどの試験紙自体が高価な設定になっているわけだ。なんと中国の相場の約10倍。ここを変えていくビジネスモデルができれば、一気に普及する可能性がある。

じゃあ中国の試験紙を持ってくればいいんじゃないの？　となるけれど、そのあたりは厚労省の認可が必要だったりと、大人の「事情」によるお決まりの参入障壁がある。

でも、ユーザーとしてはここが安くなればメリットは大きい。多くの人が、血液検査を気軽に受けられるようになる。

何か症状が出てから検査して異常が発見されるのではなく、それこそカフェに入って、サイドメニューを頼むような気軽さで受けられるようになれば理想的だ。日本人がより健康になれるのだから、社会への貢献は計り知れない。

目標としては、血糖値や肝機能値など20項目くらいを調べられる検査機とサプライを、安く提供したいと思っている。

そして、さらにその先にあるものは、**医療のリバースオークション（買い手が売り手を選択するオークション）のようなもの**だと思っている。

検査を重ねていけば、自分の血液をデータ化することができる。すると、まずそのデータをネット上のサーバに置いて管理することになるだろう。

マイナンバー制度も始まるのでセキュリティの問題や法律上の問題はあるにせよ、クラウドで個々人のカルテを個々人が保持し、それを病院や医師が共有するような流れは、現実的な将来像だと思う。

プロフィールなどの具体的な個人情報は外した上で、診断データ等を公開して、適切な診断を医者が行うということがネット上でできるようにもなる。

つまり、簡単な血液検査をしておくだけで、ネットの自分のページを見れば、先月とどういう違いが自分の体に起こっていて、これが続くと将来どんな病気になる可能性が高いか、今どんな病気の疑いがあるか、そして治療のためにはどの病院に行けばいいか、などが一瞬でわかるようになる。

ここにはいろんなビジネスチャンスが眠っている。サプリメントの広告なんかが入ってくることはまず間違いないだろう。

もちろん実現のためには、法改正やら医師会の反発やらが想像を絶する規模で襲ってくると思う。

しかし、もう技術的にはすべて可能なのだから、実現されることが自然なのだ。で、僕は自然とビジネスにしたいと考えているわけだ。

なんで僕がこんなことをせっせと考えているかというと、アメリカでは〝自然に実現されうること〟がどんどん進んでいった結果、今、生命科学における大きなイノベーションが起ころうとしているからだ。

それは「DIY生物学」の世界の実現だ。

つまり、医者だけが僕たちの体で何が起こっているかを知る時代というのは終わり、自分の好きな方法で、自分の体がどういう状態にあるのか、どんな処置が必要かを判断し、行動し、ネットによって瞬時にそれらが共有される時代が来るのだ。

そして、その中枢にいる人々は、「バイオハッカー」と呼ばれる。

『バイオパンク─DIY科学者たちのDNAハック!』(マーカス・ウォールセン、矢野真千子訳)という本はまさに、DIY生物学の最先端をレポートしている。

冒頭からして刺激的だ。

今もっともホットなことが起こっている〝ガレージ〟はどこにあるか、そしてそこで何が行われているか……というところから始まる。

ガレージ――たとえば、ヒューレット・パッカードの共同創業者ビル・ヒューレットとデイブ・パッカードが創業したのはガレージからだ。サーゲイ・ブリンとラリー・ペイジは友人のガレージでGoogleを発明した。

コンピュータの世界におけるイノベーションは、いつもガレージで始まっていた。

そして今、新しい〝ガレージ〟で起ころうとしているのは、生命科学と情報科学のイノベーション。そこにいるのは、バイオハッカーという、生命の設計図を自宅で解析しているハッカーたちだ。

本作を読めば、ヒトゲノム・プロジェクトによるDNAコードの解読に端を発した「生命の情報化」が、どこまで進んでいるのかが、ありありとわかる。

たとえば、バイオハッカーのケイ・オールはヘモクロマトーシス（体が鉄分を過度に吸収してしまう疾患）の父を持つ23歳の女性だ。彼女は自宅のラボで、自分がヘモクロマトーシスになるリスクがあるかどうかを調べたいと考えた。

自宅のキッチンでそろうものと、インターネットで買える中古品だけで遺伝子検査システムを組み立てた。化学反応に必要な酵素も、温泉地帯に棲息《せいそく》している細菌から抽出したものを使う。

そして、彼女はついに「答え」に行き着く。その答えは本作で確認してもらいたいが、彼女は自分の手で、自分の生命の設計図を読み、そこから答えを導き出すことに、自宅のラボで成功したのだ。

もちろんそれは、専門機関を使えばできることなのだが、彼女は「生命科学のあたらしいやり方」を提示したのだ。これからの時代は、自分の運命を遺伝子から自由に知り、インターネットで共有することのできる時代なのだ。

つまり、**生命が情報化され、オープンソースの時代に突入するわけである。そして、その担い手こそ、彼女のようなバイオハッカーなのだ。**

コンピュータソフトウェアにおけるＬｉｎｕｘの成功がそうだったように、オープンソース化されると、アイデアが利益構造に制限されなくなる。さまざまなことが安く、速く、簡単になっていく。いずれはこうした動きが、新型インフルエンザウイルスの問題解決にも結びつくかもしれない、と本作は説いている。

もっと紹介したいが止まらなくなるので、見出しだけでも紹介しよう。「一ドルでできる毒物検査」「万人のための診断キット」「消費者直販DNAテスト」……このあたりは僕の興味そのものだ。「二〇世紀最大の知的財産権」「住宅街での癌研究」そして「DNA合成のアウトソーシング」「合成生物学は神の領域なのか?」……ここまでくるともうSFだな。

著者は、バイオハッカーをなんでも持ち上げているわけではない。後半では抵抗勢力のことにもかなりのページが割かれている。本全体の論調としても、バイオハッカーの成果にはあまり過度な期待をしていないようにも見える。

でも、僕は、大いに可能性を感じている一人だ。

「自分だけが見られる景色」
——僕がロケットを飛ばす理由

ご存知のとおり、最近僕は宇宙の話をしだすと止まらなくなるわけで（笑）。

ロケット事業の他にも、作家、コラムニスト、評論家、ミュージカル出演、どれも楽しくやっている。だから「堀江さんの現職は何ですか？」と訊《き》かれても、うまく答えられない。実業家、といえばそうなのだが、それは僕にとって、「あなたは何ですか？」と聞かれて「人間です」とか「日本人です」とか答えているようなものにしか思えない。**何か言ってそうで何も言っていないのが「実業家」という言葉**ではないかと最近よく思う。

それと同時に、そもそも**人生で一つしか仕事をしない、自分の仕事が一種類しかないというのは、時代遅れ**ではないだろうか？　日本人はどことなく一本気なところがあり、「いろんな仕事を転々としていると、何も身につかないよ」という認識もあるようだが、本当にそうだろうか？

職業はたくさん経験したほうが刺激的だし、いろんな視点が身について相乗効果が出るはずだ。むしろ今の時代、いろんなスキルや分野が、何かのイノベーションで突然ツナガルということがよく起こる。その時、自分が過去に経験していた職能が案外役に立ったりするものだ。

それに何より、楽しくないか？

僕は、ライブドアの社長をやって、タレントもやって、文筆家になって、服役……はちょっと大変だったけど（笑）、ロケット事業も立ち上げて、これからやりたいことなんて数え切れないくらいあって、結局、思い切り楽しんでいるつもりだ。というか、楽しいことしかない。

僕は「こうなればいいな」って世の中をつくったり、自分が欲しいサービス・モノをつくりたいと、ただただ思って行動している。

極端に言えば、昔から「こうなればいいな」と思ってたようなこと――たとえば〝浮いて走る車〟とか――を実現したい。そんなノリでいい。

それが楽しいからやっている。

だから『ロケットボーイズ』（ホーマー・ヒッカム・ジュニア、武者圭子訳）を読んでいると、もう本当に、主人公（著者）が他人だとは思えない。

この本は、アメリカの片田舎でロケットの打ち上げに夢中になった高校生たちの、感動と興奮の青春物語だ。

ホーマー・ヒッカム・ジュニアは元NASAのエンジニアだが、幼少期は、炭鉱町に住む単なる落ちこぼれの少年だった。ところがあるとき、旧ソ連の世界初の人工衛星・スプートニクがアメリカの上空を横切るのを見て、強烈なショックを受ける。

「このままこの炭鉱町の平凡な高校生のままでいいのか？」

その思いは、同級生の仲間にも共通していた。そして彼らの日々の鬱憤《うっぷん》は、ロケットづくりに没頭することで、爆発的な推進力に変わっていく。

彼らが最初に飛ばしたロケットの機体は、アルミパイプにボール紙の尾翼と金属製のフタをはんだ付けしただけの原始的なものだった。しかし回を重ねるごとに、流体力学を駆使したり、微積分を習得し、比推力の計算までできるようになっていく。

燃料開発は、黒色火薬と水溶性のりに始まった。さらに硝石《しょうせき》と砂糖、最後は亜鉛粉末と硫黄、エタノールの燃料になる。そして、なんと高度約10キロメートルまでロケットを打ち上げることに成功するのだ。読んでいて思わず「よっしゃあ！」とガッツポーズしてしまいそうになる。

飛ばしたい、なんとしても飛ばしたいというパワーで、ロケットが飛んでいく快感。自分が宇宙に近づいたような気持ちになる高揚感。

僕はそれを高校時代に味わった。過塩素酸カリウムとゴム接着剤の燃料で、ボール紙製の機体を高度数百メートルまで打ち上げたことがあるのだ。それは奇《く》しくも本作のロケットボーイズと同じく、好奇心溢《あふ》れる化学教師の指導のおかげだった。

また、読んでいて、アメリカの国土の広さを本当に羨《うらや》ましく思った。アメリカなら、ホーマーの本に出てくる10キロメートル級のロケットはもちろん、宇宙空間に到達する100キロメートル級のロケットだって、簡単に打ち上げることができる。

僕がファウンダーであるロケット開発会社・SNS株式会社が持っているロケット

は今でも高度数十キロメートルまでは飛ばせるのだが、実績づくりや関係各所との調整で1年以上も費やしてしまう。

とにかく日本はロケットを飛ばすとなると大騒ぎなのだ。

たとえば、漁の問題がある。イザ打ち上げとなったときに、その近くで漁業が行われていたら、(音や衝撃などの影響により)漁業補償をしなければいけない。これがけっこうなコストだ。だから僕たちは、漁をしていない時期を狙って打ち上げをしている。種子島《たねがしま》とかでも、いつでも打ち上げられるわけではないのは、こうした理由による。

なんというか、事情はいたしかたないし、安全面では当然配慮が必要だとは思うんだけど、もう少し日本行政は柔軟な対応をしてくれてもいいんじゃないかなと思う。「国土の広さの違い」はこんなところにも影響するのだ。

という具合に、僕は今でもロケットボーイなのだけれど、宇宙に夢中になっている人は、案外多い。

先日、火星への片道旅行計画「Mars One」に2万人もの応募者が殺到したと報じられた。この人達は僕よりも重症だ。なんせ「片道」なんだから（笑）。行ってみるだけではなく、移住なのだ。でも、実際にこういう事業が始まると、技術開発が進んで片道じゃなくなる可能性も高いと思う。

そんなわけで次に紹介する1冊は、ハビタブルゾーン、つまり生命が誕生するのに適した環境となる領域にある、地球型惑星について書かれた『宇宙は〝地球〟であふれている――見えてきた系外惑星の素顔』（井田茂、佐藤文衛、田村元秀、須藤靖 共著）だ。今ホットな太陽系外の惑星探査についての知見がまとめられている。

本作のなかでも、惑星探査にイノベーションを起こしたドップラーシフト法とトランジット法という方法がわかりやすく紹介されているが、これらによって、太陽系から遥かに離れた場所にある星の存在を証明したり、星の大きさなどの正確な情報が得られるようになった。太陽系の外側にある地球型惑星については、かなりの研究と成果が上がっていて、本作ではその実像を詳細に知ることができる。

刊行が2008年と、少し古い本だ。本の中で「打ち上げ予定」として登場する探査機『ケプラー』はすでに打ち上げられている。そして先日、リアクションホイールの故障により、姿勢制御が正確にできなくなっている状態であることがＮＡＳＡによって発表された。修理ができないとなれば、このまま放棄されてしまう。これまでたくさんの太陽系外惑星を発見してきただけに残念だ。

しかし、朗報もある。このケプラーの後継機が打ち上げられるのだ。打ち上げがうまくいけば、より細かく系外惑星について知ることができる。なんと直接、撮像までできるかもしれないといわれている。これは楽しみだ。

いずれにせよ僕は、「時代の転換点」を誰よりも近くで見ていたくて、ロケットを飛ばしている。

『アバター』を３Ｄで観なかった人は、未知の空間を浮遊する爽快《そうかい》な体験を知らない。それと同じで、宇宙に行った人にしかわからないものがあり、行ったという経験からしか見えない未来がある。僕はそれが見たくて、文章を書きつつ、評論をしつつ、ミュージカルに出演しながら、ロケットを飛ばしているんだ。

何も宇宙に行くことだけがすべてじゃない。**いろんなことを、自分でやってみて、そこから自分だけに見える風景を目に焼き付ける**こと。それが人生で、一番楽しいことじゃないかな。

2. 情報を鵜呑みにする日本人へ

【情報】

〝情報人災〟としての福島原発

怖がることが、好きなのか？　と思えるほどに大騒ぎした〝福島第一原子力発電所の事故に関連する放射性物質による健康被害〟というのは、少なくとも東京に関しては、問題がなかったとしか言いようがなかった。

こんなことを書くと、すぐに「半減期2万年なのに？　何を無責任な！」と、ネットで適当に仕入れた情報を振りかざして反論する人がいる。そういう人はツイッターとかでも絡んできてギャーギャー騒ぎ立てるから、本当にうっとうしい。

有事の時には、その人の「情報感度」がよくわかる。

普段からマスコミに踊らされている人は、有事の時は格好のカモだ。そんな人たちが、ネット上で騒いだもんだから、本当にめちゃくちゃになってしまっていた。これこそが、福島原発に端を発した究極の〝人災〟だったとすら思う。

ある時、『逆説の日本史』（井沢元彦）を〝ネタ〟として読んでいたら、ちょっと面白い説が出てきた。

なんでも、歴史の中で「徳」という漢字がついている天皇などは、みんな殺されたり、不幸な死に方をしているという。聖徳太子に安徳天皇、さらには崇徳《すとく》天皇も、みんな「徳」がついているが、いい死に方をしていない。

それで、この「徳」というのは実は、いい死に方をしていない、あるいは生前の行いがちょっと微妙だった権力者や為政者たちにつける諡《おくりな》であったというのだ。つまり、その魂を鎮《しず》めるために「とりあえず徳のあった人物だったと言っとこう」というノリで「徳」がつけられていたという。

その背景には、ひたすらに祟《たた》られることを恐れていたことがうかがえる。

日本人は、こういう生き物だ。見えない「ケガレ」や「タタリ」を恐れる文化の中で生きてきたのである。で、僕は今回の放射性物質も、それと同じ理解になっているのではないかと思う。

目に見えず、どこにあるかも、どんな影響があるかもわからないという恐怖。これは日本人にとって「ケガレ」や「タタリ」として認識されている面があるのではないか。

ニュースで発表されている放射線の数値を聞いても、それよりもひどい事態を想定して、外出をしなくなった人とかが、けっこういたという話はよく聞く。

こういう人たちは、まさに放射性物質をケガレやタタリと同じようなものとして捉《とら》えているから、ややこしいことになるのだ。きっと好きでそう考えているんだろうが、非科学的な考え方で科学的なものを捉えようとすると、トンデモないことになるわけだ。

そういう人に限って、〝健康〟が好きなもんだから、平然とCTスキャンやレントゲン検査を受けていたりする。

僕としてはメルマガとかに使うネタとして読んだだけなんだけど、そういう、うっとうしい考え方をしている人に一読を薦めたいのが『放射線医が語る被ばくと発がんの真実』（中川恵一）だ。これは、3・11以降、シッチャカメッチャカになってしまっていた放射線にまつわる世論を丁寧にデバッグしてくれている。
たとえば、論争の的になった「100ミリシーベルト以下の被ばく」については、「100ミリシーベルト以下を過度に怖がるデメリット」を挙げている。本作からそのまま引用しよう。

〝100ミリシーベルト以下という、科学的なデータによる裏付けもない領域についても、「危険」と強調しつづけ、ストレスを抱えて生活習慣が悪化すると、かえって発がんのリスクを高めかねない〟

丁寧な言葉で解説しているが、要は、その程度の脅威でしかないということだ。ちなみに、家に閉じこもったりして引き起こされる運動不足は、100ミリシーベルトの被ばく以上にがんのリスクを高めるそうだ。

続いてもう一つ、原発がらみでうっとうしいのは、安易に「原発反対!」を唱えてしまう人たちだ。この人たちの論理構造はもっと簡単だ。

要は「今回の事故で、原発は人の手に余るものだとわかったから手放そう」と、そういうことだ。そしてそのうちの多くの人々が、事故が起こるまで、原発で作られた電力をのうのうと使ってきた人々である。

そんな人たちにぜひ読んでもらいたいのは『「反原発」の不都合な真実』（藤沢数《かず》希《き》）。タイトルは、地球温暖化をテーマにした書籍では金字塔とも言えるアル・ゴア（元アメリカ副大統領）の『不都合な真実』のパロディだ。

パロディでいながら、中身はきちんとした本だ（当たり前だが）。原典をきちんと明記し、統計データに基づいた、反原発の人たちにとっての不都合な真実がしっかりと書かれている。福島原発のような惨事が10年に一度起きても、ｋＷｈあたり1・4円しか原子力の発電コストは上がらないなど、冷静な論調で語られる「原子力発電の真実」には発見も多い。

自然エネルギーの是非についても詳細に書かれている。そのまま引用しよう。

〝資源エネルギー庁の資料によれば、日本では太陽光発電、太陽熱利用、バイオマス直接利用、風力発電、地熱発電など全てを足しても、これら自然エネルギーは日本のエネルギー消費全体の0・3％ほどにしかなりません〟

こうした現実を考えた時、原子力や火力をこれら自然エネルギーで代替していくと、日本が文明の後退を招くことは必至だろう。

こんなデータもある。WHOは大気汚染による年間死亡者数を115万人（本作刊行時）としているそうだ。このうち発電所からの大気汚染物質は全体の3割だという。さらに中国では、石炭火力で80％ほどを発電していて、毎年40万人ほどが亡くなると言われているという。

実は石炭にはウランやトリウムなどの微量の放射性物質が含まれており、通常運転している原子力発電所よりはるかに多量の放射性物質を放出しているのだ。

僕がこういった話をするたびに「不謹慎だ」と声高に言うくせに、結局真実を知る努力をしない、事実の知り方を知らないとしたら、ただのバカだ。

結局のところ、福島第一原子力発電所の事故によって引き起こされた災害は、放射性物質によるものよりも、無知なままメディアの情報を鵜呑《うの》みにした人たちがギャーギャー言って混乱をきたした現象のほうが深刻で、これはけっこうな災害だったといえるだろう。

そしてその人災の一番の被害者は、福島の人たちだ。日本中のバカによってケガレた場所だとされて、産業が大打撃を受けたことは周知のとおりだ。

バカは放射能よりも怖い。それが福島原発の事故が教えてくれたことかもしれない。

「北朝鮮は危ない」は本当か？オウム事件から見える日本人論

『Ａ３』（森達也）が長野刑務所に届けられたとき、「やっぱり、通らないかな……」と思ったものだった。実際、検閲はかなり長引いていた。

それもそのはずだ、この『Ａ３』の〝Ａ〟は「ＡＳＡＨＡＲＡ」の〝Ａ〟だ。あの麻原彰晃《しょうこう》のイニシャルである。オウム真理教を扱った珠玉のノンフィクションだ。


ちなみに、刑務所の検閲はちょっとよくわからないところがある。

たとえばエロ本の類《たぐい》でも、普通に通るものと通らないものがあるのだ。内容に犯罪性があるかどうかがポイントなので、たとえば強姦《ごうかん》モノなどは当然通らない。というのはお約束なのだが、なぜか『無邪気の楽園』（雨蘭《うらん》）などのロリ系エロ漫画は通ったりする。それでいて、エロ本についていた磯山《いそやま》さやか全身ポスターやＤＶＤは廃棄される。検閲のアルゴリズムには謎が多い。

ちなみに僕が書いた獄中日記をまとめた『刑務所なう。』は、東京拘置所に置かれているらしく、ちょっと嬉《うれ》しい。まあ手前味噌《みそ》だが、あの本はわかりやすい！（笑）

収監されてから、刑務所でどんなことをするのかを知るために、部屋に置いてある『被収容者の手引き』を読むのだが、あれではちょっと足りない。

それなら『逐条解説 刑事収容施設法 改訂版』（林眞琴《まこと》、北村篤、名取俊也 共著）なんかを読んだほうがいい。しかし、これは信頼できる解説書ではあるのだが、いわゆる親切なマニュアルであり、それ以上でも以下でもない。受験英語で言うところの『ロイヤル英文法』みたいな本である。

その点、僕の『刑務所なう。』は、最新の情報も盛り込みつつ、実際の一人の服役囚の視点で、困難にぶつかったり、がんばったりする様子がリアルすぎる文体で（だって本気の獄中手書きだからね）書かれているため、わかりやすい。

これから服役するビギナーから、よりよき服役囚を目指すエキスパートにもぜひぜひ読んでいただきたい。はい、宣伝終わり！

かくして、検閲に時間はかかったものの『Ａ３』も無事通過し、読むことができた。

本作はオウム真理教の荒木浩を主人公とするドキュメンタリー映画の名作『A』、そして『A2』の作者でもある森氏が、『月刊PLAYBOY』に3年にわたって連載したものを単行本化したものだ。

オウムと麻原彰晃、そして日本人の実像が次々と浮かび上がり、読み出すと止まらない1冊であり、これを刑務所で読むというのもなかなか臨場感があってよかった。

なぜ今さら胸くそ悪いオウムのことを思い出さなければいけないのか。多くの人がそう思うに違いない。

しかし、この本を読むと、僕たちがそのように「思わされてきた」ことにも気づけるかもしれない。**麻原彰晃こと松本智津夫《ちづお》とオウムの一連の事件から、マスコミの構造や現代社会全般すらをも見通せてしまうからこそ面白い**のだ。

そもそも森氏はテレビ制作会社に勤めるディレクターだった。

報道系やドキュメンタリー系の番組を数多く制作する中で、オウム事件が起こる。

彼は真実を伝えるべく真摯《しんし》な報道をしようとするも、オウムをめぐってはプロデューサーと衝突した。そのプロデューサーは、オウムを〝絶対悪〟として描くように森氏に強要したのだ。

「オウム帝国の崩壊」「オウム密着！　邪悪な野望の全貌《ぜんぼう》」なんていうタイトルで特番が組まれていた最中のことだ。

しかし、森氏はそれに従わなかった。それは自分が見たオウムの実像とは違う伝え方だったからだ。そして、その〝違和感〟が彼を惹《ひ》きつけ始める。

結局、彼は制作会社から契約解除される。それから、本作に関連する映像作品『A』『A2』の自主制作に乗り出す。まさに反骨の人だ。

念のために言っておくが、この本はオウムそのものを擁護するものではない。

「オウム＝悪」「宗教＝怖い」、そして「麻原＝死刑」、さらには「早く殺せ」……現代日本に生きる日本人の、脊髄《せきずい》反射的に厳罰を求める判断は、どうして生まれているのか？　そして、脊髄反射的に終わらせてしまっていいことだったのか？――。

日本の〝世論〟の実際を、オウム事件を通して描き出しているのが、本作の持つ真の意味だと思う。

森氏が書いている通り、特に**最近の日本における、魔女狩り的に厳罰化を求める世論は、間違いなく地下鉄サリン事件が起点になっている。**

昨今の北朝鮮をめぐる世論にも同じ事が言えると思う。つまり、誰もが「北朝鮮＝悪」と気軽に言ってしまうし、疑わない。北朝鮮を擁護する人には、頭がおかしくなったかと言わんばかりに攻撃する。たとえ北朝鮮と戦争状態に突入したとしても、誰も止めようとはしないんじゃないかとすら思える。

これには「オウムに関連するものは何でもダメ」という、ヒステリックで気持ち悪い大衆世論と同じものを感じる。

「朝まで生テレビ！」とかで、そんなことを僕が少しでも言うと、わっと叩《たた》かれる。ツイッターで攻撃を受ける。この現象は一体何なんだろうと思った時に、これが『A3』で書かれていたことなのか、と一層身に沁《し》みた。

オウムが行ったことは犯罪行為であり、罰せられるべきではある。

しかし、「麻原を死刑にしろ！」「死刑になって当然だ」と言ったり思ったりしている人は、本当に〝自分で言っている〟のか、あるいは〝マスコミによって言わされている〟のか、考えたことはあるだろうか？

サリン事件をきっかけに、日本人は、魔女狩り体質になっているのだ。その証拠に、日本人に「北朝鮮のどこが嫌なんですか？」と聞くと、たいていが「ミサイル」「独裁」「拉致」というだけの反応だろう。それ以外のことは何も知らずに、平然と「悪だ」と決めつけている人が多いのだ。

僕がこれを気持ち悪いと思うのは、異常だろうか？

マスコミの最前線にいた人が、近年まれに見る大事件のまっただ中で感じた〝違和感〟には、今後も古びない普遍性がある。オウム事件の真相を描きながら、現代の日本人の深層にあるものを描いている点において、まだまだ古びるべき本ではない。

また、北朝鮮がこれからどんな結末を辿《たど》るのかはわからない。

しかし、結末を迎えるその時、**日本人はまだ〝魔女狩りをさせられている〟ように思うのは僕だけだろうか？**

恋愛も〝科学〟できる

「金を稼ぐ」のと、「女を口説く」のは、だいたい同じくらい超簡単である。

——ということのカラクリが理解できるのが、『外資系金融の終わり―年収5000万円トレーダーの悩ましき日々』（藤沢数希）、そして著者の藤沢数希さんのメルマガ「週刊金融日記」である。

この2冊は、セットで読むのがオススメ。もうめちゃくちゃ面白い。どちらから読んでもいいが、絶対セットで読むべきだ。

まずは『外資系金融の終わり』。桁《けた》違いの金を稼ぐ外資系金融マンの実態と、大きすぎて潰《つぶ》せなくなったメガ金融コングロマリットの問題点を、面白く解説してくれる1冊だ。

藤沢さんは海外の大学院で理論物理学、コンピューター・シミュレーションの分野で博士号を取り、帰国してからは東京のとある外資系投資銀行に就職する。

貧乏研究者生活から一転し、勤めて2年目の給料は大学教授のそれを軽く上回り、3年目で日本の上場企業の社長の給料すらも超えるという世界で生きるようになった。

これは、何も珍しいことではない。運が良ければ新卒で年収1000万円、3年目で年収3000万円というのは、この世界の水準からそれほど大きくは外れない。

とはいっても、内側にいた人からの暴露というのは重さが違う。

たとえば、「外資系企業はベテランよりも、才気あふれる若者を積極的に採用する」。これは、見た目には若い才能を積極的に採っているように見えるが、真相は「若いほうが、簡単にだませる」からだという。

藤沢さんによれば、フロントオフィスにおける社員の収入の相場は、「会社にもたらした利益の5~10%」だ。単純計算で、会社に5億円~10億円の利益を出している社員の年収は2500万円から1億円ということになる。

しかし、仮に10億円を稼ぎ出す社員がいたとしても、会社がその社員のがんばりを正しく評価して、素直に見合った報酬を支払うなんてことは無いわけで。

10億円稼いでいたとしても、他社にヘッドハントされそうにならない限り、会社はできれば見合わない報酬、つまり水準のぎりぎりで済ませたいと考える。

会社は「社員をいくらで繋《つな》ぎ止めておけるか」だけを考えて給与水準を決めているわけだ。安く働かせて、高く儲《もう》けることが最優先なのである。

ベテランのトレーダーは確かに即戦力になる。業界の人脈も、法律の使い方も心得ている。しかし、彼らは自分の給料が見合っていなければ、訴訟を起こすし、部下ごと他社に移ってしまうこともある。会社からすれば、取り扱い注意の人材なのだ。

その点、若者はものを知らないから簡単に騙《だま》せる。

情報のアービトラージによって取り回しが利くのである。経営者的にはそう考えるのが普通だ。僕はそれを見越して互いに利用し合う関係でうまく回せるのであればそれでいいと思うけれど、まあ言ってみれば騙し合いの世界だ。

そして藤沢さんは、こうした金融業界で培ったリスクマネジメントの技法を、恋愛の話に応用してしまう。それが大ヒットメルマガ「週刊金融日記」だ。

マネーと恋愛をエレガントに融合して読ませる手法は圧巻だ。

たとえば、さっきの外資系投資銀行での騙し合いの風景については「恋愛では、往々にして頭の悪い若い女のほうが美人で洗練された淑女よりも人気があるが、それは外資系金融業界のジョブマーケットでも当てはまる」なんてことをさらっと言ってしまうわけだ。まるでセンスのいい風刺画を思い起こさせる書きっぷりである。デートに使うレストランの候補を、コストパフォーマンスと成功確率から導き出していたり、レバレッジやスタティスティカル・アービトラージという言葉で華麗に恋愛を語り尽くしてしまう。

ちなみに僕はこのメルマガ「週刊金融日記」が大好きで、収監中も全部プリントアウトしたもので読んでいた。本当にピカ一のメルマガだと思う。そして彼の考えには概《おおむ》ね賛成である。

僕は、女の子を口説くスキルは難しくもなくて、誰でもできるものだと思う。自転車に乗れない人が乗れるようになったときに、後から思えば簡単だったなと感じると思うけれど、女の子を口説くという作業自体はそのレベルに限りなく近い。と、言うとすごく嫌われるんだけど(笑)、藤沢さんのメルマガは、そこをもう本当にうまく解説してしまう。

そもそも藤沢さんは「科学者」だ。前に対談した時に藤沢さんが言っていたけれど、**考え方の基本には科学的なロジックと、それを裏付けるデータがあるわけだ。そうした前提の上で恋愛を語られるから、読んでいて非常に気持ちいい**のである。これは科学の力と言わざるを得ない。

もう少し紹介しよう。

たとえば藤沢さんは、女性が男性を評価するクセについてこんな考察をしている。女性は本能的に「変化率」を見過ぎる傾向があるという。

たとえば、年収が1000万円から1500万円に伸びている男性がいるとする。女性は、この男性を、年収1億円から5000万円に落ち込んだ男性よりも高く評価するというのだ。冷静に考えると、年収5000万円は1500万円の3倍超だ。前者の男性の伸び率を考慮しても、あまり割に合う判断とは思えない。

しかし女性は、後者の男性の〝落ち度〟に過剰反応してしまい、この男性を選ばない。ゆえに、結局モテるのは前者の上り調子の男性ということになる。

これは逆に言えば、嘘でも〝上り調子〟を演出してしまえば男性はモテるということだ。そして、そこは女性が陥りやすい弱点でもあるだろう。ここを使って口説くというわけだ。

また、藤沢さんは以前に恋愛本を研究したことがあるそうだ。それによると、巷《ちまた》にある恋愛本というのは、「僕はブサメンでモテなかった」というフリがまず最初に出てくる。そして、「ナンパするようになって何百人の女の人と寝た」とくる。で、「自分がこんなにスゴいから教えてあげる」という論調のものばかりだという。

これははっきり言ってウザい。

つまり、その著者だけの経験則で書かれているものであって、汎用《はんよう》性が無いものが多いということだ。

なぜ、きちんとしたマニュアルがないのかというと、そもそもタブー化されているというか、アカデミックに、真面目に考えるのが恥ずかしいテーマだからだという。大学の研究者が恋愛にまともに取り組むのは恥ずかしいという意識だから、結果的に自然にタブー化されて、ちゃんとしたアカデミックなマニュアルやテクニックが普及しない。それが恋愛の世界だという。

「週刊金融日記」の恋愛工学は、誰もが使える恋愛の仕組みを、金融の仕組みから科学的に説いてゆく。

鮮やかに恋愛とマネーを行き来する藤沢さんの筆致に、2年という長い間セックスできない刑務所で、僕は驚き続けていた。そして出所した暁には、ギラギラした煩悩をより科学的に炸裂《さくれつ》させることを夢見て、悶々《もんもん》としていたのである。

「高学歴脱線」に見る、生き方の〝今〟

僕の大学時代の同級生で、東大の院を出て、猟師になったやつがいる。銃を持って山に入り、動物を仕留める、あの猟師である。僕の知る限り、おそらく日本一インテリな猟師だ。

親が泣くパターンというやつだろう。『ALWAYS　三丁目の夕日』の時代なんかは、エレキギターをかき鳴らしていると「不良息子」と親に泣かれていたらしいが、今では東大を出て山で銃をぶっぱなしていたら親に泣かれる時代……ではないが、この種の〝高学歴脱線〟は、様々なところで起こっている。

旧来的なモデル、つまり有名大学を出て、一流企業で……という線路から敢《あ》えてポーンと脱線してしまう。それもポジティブな脱線だ。そしてその後の行き先は、今までの常識では理解できないキャリアや生き方なのだ。

生き方が多様化せざるを得ない状況になってきていることの一端だろう。
以前の日本のように**「有名大→有名企業→定年退職」という画一的なルートに多くの人が殺到したところで、結局こぼれてしまう**のだ。であれば、ポジティブに脱線してしまおうと考えるのは、賢いとも言える。

たとえば今や、東大卒で急成長中のベンチャーに就職することなんてざらだ。ベンチャーであれば、任される責任も大きく、スキルも身につきやすい。そこに利点を見出す東大生が増えているのだ。僕はいいことだと思う。
しかし、いまだに「ベンチャーは不安定だからやめておけ」という大人がいる。であれば僕は彼らに問いたい。今の日本で、本質的に安定した会社などあるのだろうか？　とりあえず大手なら安心、というのはオヤジ世代の妄想だ。いや、すでに妄想にしてもサブい。山一證券やＪＡＬがあんな状態になったくらいだ。大手という企業形態そのものを疑う必要がある。

じゃあどうすればいいのかと旧モデルの脳みそで考えても、答えは出てこない。

状況に応じて、考え方を変え、視点を変えて、変化するしかない。この変化を楽しめる人が、結局は勝ち残るし、何より楽しめるはずだ。

で、僕の友人は東大を出て、純粋に猟師になりたくて、猟師になってしまった。今では東北でいろんなプロジェクトにも関わり、シカを使って生ハムを作って商品開発に役立てる、というようなこともしている。料理好きも手伝って、いろいろ楽しそうにやっているようだ。

職業選択のリーディング・エッジともいえるが、これから猟師はちょっと流行《はや》るんじゃないかと僕は思っている。少し前に「森ガール」なんてのが流行ったように、何かのきっかけで火がつきそうな気がする。

というようなことを思うのも、『山賊ダイアリー』(岡本健太郎)を読んでからだ。

著者は現役猟師兼漫画家で、本作はいわば自伝的漫画である。

岡山県のど田舎で生まれた著者は、幼い頃、猟師のおじいちゃんの背中を見て育ち、大人になるということは猟師になることだと思っていたという。

しかし、気づけば上京し、池袋《いけぶくろ》のバーでデートをするような大人になっていた。そして彼はある時ふと、いつかは地元で猟をやってみたいと恋人に切り出した。すると「動物を殺すなんて、最悪」と言われ、ケンカをし、その足で田舎に帰って猟師になってしまう。そこからめくるめく「狩猟・ジビエ喰い実録日誌」が始まるのだが、これがめちゃくちゃ面白い。

たとえば、シカやウサギの糞《ふん》は、新しいものなら食べられるという。触感は粘土みたいで、あまり美味《おい》しくはないようだが、セルロースやビタミンが豊富に含まれているそうで、山で遭難した時は食べるといいそうだ。

銃は案外安いものが中古であるらしい。本作で登場する空気銃「エース・ハンター」は中古で5万。エレキギターを始める時と同じくらいの投資額だ。銃の所持許可試験、そして猟銃・空気銃所持許可証の申請も、案外簡単そうだ。

当たり前だが、仕留めた獲物はすべて食べる。ウサギの唐揚げに、ハトのグリル、マムシの素焼き……どれも旨《うま》そう。中でもハトのモツは砂肝がいいらしい。さらに、マガモのローストがめちゃくちゃ旨いらしい。鶏とは違い、皮と脂がくどくなく、赤身の力強い味が堪能できるとのこと。実はスーパーで売っている鴨肉は、大半がアヒルだそうだ。天然のカモには、あれほど脂はのっておらず、やわらかくもないらしい。

時折、猟師の哲学なんかも紹介されて読ませる。

〝普段から肉は食べているわけで、ぼくが知らない所で生き物は死んでいるわけですが、それを自分の手で行うというのはやはり複雑なものがあります〟

実際に仕留めた獲物の解体、そしてその調理法や味も具体的に描かれていて、このシリーズを読むだけで、猟師になれそうな気がしてくる。猟師入門の実用書としても十分役に立ちそうだ。

東大卒で猟師、というのはまだちょっと特殊な生き方かもしれないが、最近、完全に市民権を得たとも言える生き方のひとつに「ニート」がある。

ほんの少し前まで、ニートという言葉がずっと使われるなんて思いもしなかったが、今やニートがいない社会など想像しにくい。

『ニートの歩き方――お金がなくても楽しく暮らすためのインターネット活用法』（pha）の著者は、高学歴脱線でニートになった元京大生だ。

28歳で「インターネットさえあればニートでも楽しく生きられるんじゃないか？」と思い立ち、会社員を辞め、ずっと定職に就かずにぶらぶらしているという。そんな生活に、満足しているそうだ。

自殺対策が大変な官僚のみなさんにぜひ読んでほしい1冊である。

ちなみに僕も満員電車は嫌いだし、定時出社も嫌いだ。そもそも、それで起業したようなものだ。インターネットがあと10年早く普及していれば、東大駒場寮《こまば》に居続けて、この本に出てくるような生活をしていたかもしれないな。

ちなみに、巻末のニートチェックシートをやってみたら、僕は「若干、ニートに親和性がある」のだそうだ（笑）。

本作を眉《まゆ》をひそめて読むような大人とは極力仲良くしたくはないが、そんな人から見ても案外説得力のあることが書かれているように思う。

〝みんなニートにならなくてもいいから、ニートじゃない人が「あんまり働かない生き方もありだな」と若干思ってくれるだけで、この社会はずいぶん生きやすくなるはずだ。働かなくてもそれほど後ろめたさを感じずに生きられるというのが本当に豊かな社会だと思う〟

勤勉な日本人は、ニートと聞くとあまりいいイメージは持たないものだが、働くことが好きな人よりも嫌いな人が多いのは事実なわけだから、この意見を真っ向から否定するのは難しいのではないだろうか？

また、著者のｐｈａさんは、勉強は京大に入れるくらいできるけど、実社会で仕事をして生きていくことがまるっきしダメなタイプだ。そんな彼が、ニートという生き方に幸せを求めて突き進んでいく姿を、誰が責める権利があるだろう？

彼は極端な例かもしれないが、実は限りなく彼に近いのに、無理して嫌々働いている人もいるのではないだろうか？　そんな人は彼を見習って……おっと、ニートの誘いみたいになってしまった（笑）。

また本作は、インターネットを使って効率的かつ経済的に生活を営む手引書でもある。ニート志望者でなくても一読の価値がある。

それに、ニートになってもこれだけ幸せに暮らせるのなら、そんなにがんばることもないかあと、余裕も出てくるので精神衛生的にもいいかもしれない。そんなわけで、広くオススメしたい。

〝多様化〟の最先端の生き方を知ることで、今の自分の生き方が、どういうものであるかもわかるだろう。**どう生きるかを決めるのは自分自身だが、人がどう生きたかを教えてくれるのは、案外、本だけだったりする。**

なんて、ちょっと読書家みたいなシメで次にいこうか。

3

破天荒でいい——
「人生に倍賭けする」生き方

【生き様】

勝者に学ぶ〝ヤマ師の美学〟

かつてカジノで5000万勝っていた時、1億まで勝ちたくて、ひたすらダブルアップ（倍賭け）してたら、結局負けてしまい、30分の間でスーっとゼロになったことがあった。

またある時は、新しく立ち上げたサービスに巨費を投じて、その何倍もの利益を回収したこともある。

前者は損、後者は得だ。で、前者が悪くて、後者が良い、と普通は考える。確かにそうだ。儲《もう》かって喜ばないなんてあり得ない。勝ちたくてギャンブルもビジネスもやっているのだから。

カジノで5000万勝った時に、そのまま帰れば5000万儲けられた。カジノでこんなに儲かるなんて人生でそんなにある出来事じゃない。僕は十分ラッキーだった。

でも、そんな状況でも、〝張る〟。ここで張って攻めている時、頭の中には、儲かったときの快感に匹敵する何かが渦巻いてくる。この感覚は、ヤマを張って勝負をかけた者にしか味わえない。

勝利への恍惚《こうこつ》感と興奮が入り乱れた「さあ、どうなる？」という感覚。これは人生で数あるラッキーな瞬間において、〝さらに踏み込んだ者〟だけが手にすることができる。５０００万を出しても買えない価値があるようにも思う。

それでもし、勝ったら……。ヤマを張って勝ったとき、当然儲けも倍だが、快感も倍増する。この快感に、次の勝負に駆り立てられる。次はもっと大きな勝負がしたくなる。そしてまた勝ちたくなる。

誰だって勝ちたい。そのためには計画も大切だ。しかし、**計画と同じくらい〝勝ちを手にするセンス〟というのも大切**だろう。このセンスは、計画性と同じくらいに大切でありながら、計画性とは無縁の面がある。根拠なき勝利への憧《あこが》れや渇望そのもので支えられているのだ。

人生における勝ち負けの大半も、このセンスを持っているかどうかで決まると思う。計画性ではこのセンスを養うことはできず、このセンスを持っていても計画性が備わるわけでもない。**どれだけヤマを張ったか、その場数でしか磨かれない**からだ。

なんだか典型的なギャンブル中毒みたいな書き出しになってしまったが（笑）、これから紹介する本は科学者の本だ。しかも世紀の発見、ＤＮＡの二重らせんを発見したジェームス・Ｄ・ワトソンとフランシス・クリックについて書かれた『二重らせん』（ジェームス・Ｄ・ワトソン、江上不二夫《ふじお》・中村桂子訳）という本。ノーベル賞を与えられたワトソンによる、発見に至るまでのドキュメンタリーだ。

様々な仮説を検証し、研究者同士の人間臭いドラマをかいくぐり、何度も希望し、絶望していく中で世紀の発見を成し遂げるまでが書かれている。

僕はこの本を読みながら、ギャンブルをしている時の恍惚感ばかりを反芻《はんすう》していた。けっして美しいドラマではない。正しいドラマでもないし、常識的でもない。むしろ、非常識で泥臭い勝負師たちのドラマといえる。

しかし考えてみれば無理もない。「神様の設計図」を手に入れようとするわけだから。これは**人間の業《ごう》の記録と言っても過言ではない。**

ワトソンは、科学者である前に〝ヤマ師〟なのだと思う。

たとえば、ワトソンはある夜に「これがDNAかもしれない」というひらめきを得る。DNAの構造の中でのアデニン残基が、純粋のアデニンの結晶内で見られるのと同様の水素結合を作っていると考えた場合、そこに何かしらナゾを解く鍵《かぎ》があるかもしれない、と。そのまま引用しよう。

〝骨格部分の構造がすっきりしないといううらみはあったが、それでも私は期待に胸をはずませた。もしこれがほんとうにDNAであれば、私がこの発見を公にしたときの大騒動が目にうかぶようだった。〔…〕私はしあわせな気持でいっぱいで、ベッドにはいっても二時間以上寝つかれず、閉じた目の前では一対のアデニン残基がぐるぐると回転していた。このすばらしい思いつきがまちがっているなどとは、ほとんど考えられなかった〟

しかしこの翌日、ワトソンのアイデアは、圧倒的なまでの化学的事実の前に、ずたずたに引き裂かれてしまう。

彼は、化学の前に敗れたのだ。でも、これが本質的な負けではないことは、この後に語られる彼の成果が物語っている。彼は仮説を立てまくり、挑戦をし、ライバルを出し抜き、ついにはDNAを解明するのだから。

勝利を確信して眠れなくなった時のワトソンの感覚。これは、ビジネスやギャンブルで、ヤマを張って攻めている感覚とまったく同じだろう。

科学だって競争だ。本作を読めばわかるが、DNAは本作の登場人物の誰にでも発見のチャンスがあったに違いない。でも、その中で神の設計図を手にすることができるのは、たった一人だ。その人だけは「発見者」になれるが、それ以外の人は「研究者」のままなのだ。

ワトソンは、このエピソード以外の場面でも、張って張って張りまくりだ。そこに美学すら感じてしまう。

時代が変わる瞬間をモノにできるか――最高水準の科学の世界は、キレイゴトが通用しない、ギャンブルの世界と変わらないのだった。

本作ではそんな〝野蛮〟な科学の世界がエキサイティングに綴《つづ》られているが、日本で科学者といえば、どこか敬虔《けいけん》な「理系オタク」のイメージが強い。翻訳者の一人も、その典型と言えるかもしれない。そのせいか、ギャンブラー気質で、DNA構造の最初の発見者という名誉を手にしようと躍起になるワトソンの姿を、暗に批判してもいる。反面、自分にはない世俗的名誉欲を羨《うらや》ましがっているようにも思える。

しかし、科学も競争があってこそ前進するのではないか？ と僕は思う。

『理系の子』のところでも少し書いたが（36ページ）、世界が変わる瞬間を自分で作れるかもしれないわけだ。そんな人には、若くして世界からスポットライトを浴びる栄光があって然《しか》りだ。それに、子どもたちが科学者を目指す動機、理系オタクとは違うタイプの人が科学者を目指す動機にもなる。科学者にもっと、キラキラしたイメージがついてくるといいなあと思う。

本作にはサイドストーリーがある。それが『ロザリンド・フランクリンとDNA―ぬすまれた栄光』（アン・セイヤー、深町眞理子訳）だ。タイトルのとおり、ワトソンらの「発見」はロザリンド・フランクリンの成果の盗作だという趣旨の内容だ。ロザリンドは、二重らせん発見の〝先陣争い〟を繰り広げた5人の研究者のうちの一人として登場する。つまり、ワトソンのライバルだったわけである。

彼女は天才的な頭脳を持った結晶学者だったが、どこか偏屈なところがあり、自分の研究に過度に積極的すぎて周りが見えていないために、ワトソンにとってはあまり喜ばしい存在ではなかったと見える。しかし、現在の学会では彼女のことを支持する人々もかなりいるという。

とはいえ、僕はワトソンのギラギラしたヤマ師ぶりが面白くて『二重らせん』を読んだのであり、サイドストーリーのほうには興味がなかったため、『ロザリンド・フランクリンとDNA』は読んでいない。しかし、こういった〝影のある成功〟を暴露する本が出てくるのもまた、ワトソンのギラギラぶりを強調しているように思う。

どこまでも人間臭く、非常識で、大胆で、協調性がない。ヒーローとは結局そういうものだ、と再認識させられる。

超絶人生が教えてくれる、自分の立ち位置

本を読んでいると時折、あまりに強烈すぎる才能に出会うことがある。
しかし、**閃光《せんこう》のように強烈な才能というものは、どういったわけか、その持ち主に強烈な影をも落とす。**なんでなんだろうね？　これ。

幸運をつかみ取る才能は、同時に不幸にも足を取られやすいのか。ロケットエンジンのように、強烈な生命エネルギーは扱いが難しく、ちょっとのミスで大事故につながりかねないのか。

答えはよくわからないけれど、この種の〝才能〟は、読む者の心に、いつまでも残るものだ。その強烈な閃光で生き様を刻み付けるように、痕跡《こんせき》を残していくのだ。

どれも到底真似できる生き方ではない。

でも、**極端すぎる生き様を知ることで、自分が置かれている状況に幸せを感じたり、自分に足りないものを知るヒントになる**かもしれない。

たとえば、沢尻《さわじり》エリカ主演の映画化で話題になった漫画『ヘルタースケルター』（岡崎京子）がそうだろう。

全身整形のアンドロイドみたいな人気ファッションモデル・りりこが、数々の栄光を手にしながら、仕事のストレスと整形の副作用に蝕《むしば》まれてゆく姿を、リアリティたっぷりに描いている。読むたび「ああ、芸能界にいるよなあ、こういうメンヘラ系」と引き込まれてしまう。あまりに鮮やかな描写で、実在のモデルは誰だろう？　とけっこうリアルに考えてしまう。

映画化では主演に沢尻エリカを持ってきたのも、この作品を特別なものにしていた。これは本当にうまいキャスティングだった。監督は蜷川実花《にながわみか》さんだ。彼女と僕は実は同い年。彼女らしい色遣いの映像は勿論《もちろん》ガーリィで綺麗で、原作の世界観を再現していると思う。際立って上手《うま》いなと思ったのは、音楽の効果的な使い方だった。

ラブシーンはもっと生々しくしてもいいかなと思ったけれど、沢尻エリカにここまでさせたのは、それはそれでスゴいかも。

この漫画が強烈なのは、主人公りりこの生き様だけではない。それは本作の全編を通して描かれる異質の「リアリティ」だ。こんな世界観を作りだせる才能に、異論をはさむ人はいないだろう。

しかし、作者の岡崎京子さんは、映画が公開された2012年の時点で、事実上の休業状態にあった。広く知られていることではあるが、岡崎さんは1996年、散歩中に自動車にはねられ、意識不明の重体になり、下半身不随とも言われるほどのひどい後遺症が残った。今も新しい作品が描ける状態ではないという。

もしあの事故がなければ、今どれだけの作家になっていたことか……。本当に惜しいことだ。まさに異才が辿《たど》る苦難を体現している人である。

続けて紹介したいのは『トラオ　徳田虎雄 不随の病院王』（青木理《おさむ》）だ。

徳田虎雄は、全国66病院を含む280余の医療施設を擁する病院帝国を一代にしてつくりあげた人物として、政界にも広く知られる人物だ。

帝国の名前は医療法人・徳洲《とくしゅう》会。しかし彼は、その卓越した経営の才能を持ちながら、不治の難病ALS（筋萎縮性側索硬化症）とともに生きることを余儀なくされる。

ＡＬＳは、物理学者のスティーヴン・ホーキング博士によって広く知られるようになった病気だ。体中の筋肉が麻痺《まひ》し、コミュニケーションや呼吸にも障害が及び、社会生活が困難になる難病だ。現在、世界中でさまざまな研究が行われているが、いまだに有効な治療法や原因究明がなされていない。

徳田虎雄もＡＬＳが進行し、口で言葉を発することができない。鋭い眼光を宿す、ぎょろりとした彼の目が、いまは口の代わりをしている。

コミュニケーションをとるときは、眼前のプラスチックの文字盤を目で追い、秘書や看護師がその視線をとらえ、文字を書き取ることで言葉にする。そんな状態でもなお、彼は徳洲会の理事長をつとめる。ホームページには「世界２００カ国に医療福祉施設 夢の実現に向けて皆で頑張ろう」という彼の熱いメッセージが掲げられている。

本書では終始、そんな徳田虎雄の無限のバイタリティーに驚かされっぱなしだ。

「ぜんしんの　きんにくは　よわつてしまつても　あたまは　せいじようで　さえわたつている　げんきだつた　ときより　むしろ　ぶんかてき　せいかつ　かも」

一章の冒頭で綴られる彼のこの言葉が、すべてを物語っているようだ。

ALSは彼を少しずつ蝕む。いずれは目の動きすら奪ってしまうという。しかし、ALSのハンデ程度では、彼は止まらないし、止められない。

彼の〝疾走〟は、幼少期に弟を失ったことから始まった。

故郷の徳之島（鹿児島県の奄美《あまみ》群島）で、ある夜、弟が嘔吐《おうと》と下痢を繰り返し、目をむいて気を失った。徳田があちこちの医者に往診を頼むも、誰も来てくれず、ようやく医者が来てくれたのは翌日の昼過ぎ。弟はもう、死んでいたという。

この壮絶な経験が、「年中無休、24時間オープン」を旗印とする徳洲会をつくり、今もなお、彼を走らせ続けているのだろう。

そのまっすぐな生き方は、時に世間から〝キワモノ的〟とも評されるが、僕は強い共感を覚えた。彼なら世界中の過疎地に、病院を作りまくれるに違いない。体中の筋肉が止まっても、彼は止まらないはずだ。自分の運命にとらわれず、自分の力で運命すらも超えて前進していく姿に圧倒させられる。

最後にもう1冊、漫画の『人間仮免中』（卯月妙子《うづきたえこ》）を紹介しよう。宝島社が毎年発行する『このマンガがすごい！』の2013年版に、オトコ編3位で入賞している超秀作だ。この作品は、作者である卯月妙子さんの自伝漫画。その内容たるや、言葉を失わせるものがある。

20歳で結婚するも、夫の会社はほどなくして倒産。借金をかかえた夫を自殺で亡くし、スカトロAVでカルト的人気を博し、ストリップ劇場で喉《のど》を切って自殺を図り、歩道橋から飛び降り自殺を試みて顔面崩壊……という半生を淡々と、時に自虐的な笑いを交えながら描いていく。ほんと、よく描けたなと。その一言に尽きる。読み終わった後、しばらく呆然《ぼうぜん》としてしまった。

作者を幼少時代から悩ませていたのは統合失調症だった。薬を手放せず、不幸や死を思うことも手放せない。そして、そんな彼女を神はあっさりと見放す。

彼女は、崩壊した自分の顔面を見て、一連の出来事を漫画にしたいと思ったという。本人もあとがきで書いているが、まさに「漫画家の業《ごう》」だ。

その業をまっとうするのも才能、しかし、才能と言い切ってしまうには、彼女の人生はあまりに壮絶すぎる。もはや壮絶すぎて漫画みたいなのだ。漫画みたいな人生を、漫画にしてしまっているのだから、手に負えない。

この3冊は、いろんな意味で、読む者にトラウマを植え付ける。そのいくつかは、自分の人生で起こったことの一部を思い出させることもあるかもしれない。

読む前と、読んだ後で、何かが変わる。自分の中の何かが書き換えられてしまうのだ。それがいいのか悪いのかは、一概に言えない。

しかし、その超絶的な人生を知ることで、自分が持っているもの、持っていないもの、自分がどれだけ幸せか、あるいは不幸かが、読む前よりも見えてくる。

僕はこれらの本を塀の中で読んでいて、僕なんて大したことないなあ、なんて思ったりしていた。最近僕が患った病気なんてせいぜい腎臓結石と痔《じ》だし（超痛かったけど）。読むことで、ある種の希望を与えられもしたし、この服役生活が自分の人生にとって何なのかを考えるヒントにもなった。

超絶的な人生は、今の自分の立っている場所と意味を、少しわかりやすくしてくれるのである。

シャバで読んでも面白い獄中本

佐藤優《まさる》さんに『逐条解説 刑事収容施設法 改訂版』(68ページ)を読むようアドバイスいただいたのは、本当にありがたいことだった。

刑務所は、これから服役する多くの人にとっては異世界だ。いろんなことがわからない。前述したが、部屋に『被収容者の手引き』なるものがあるのだが、これではちょっとわからない。『逐条解説 刑事収容施設法 改訂版』は、これから入る人には、そのルールを知る上ではマストな1冊だろう。

でも、ルールにも表ルールと裏ルールがある。

たとえば「発信」、つまり外に手紙を出す行為。「刑事収容施設法」という表ルールでは、受刑者の優遇区分で下に位置する五類だと、月4回まで。三類と四類は月5回。二類になると、月7回の発信ができるとしている。

週に一度の発信日が設けられ、便箋《びんせん》は官が指定したもので7枚までということになっている。

1枚あたりの文字数については、法律では「400字以上を認める」ことになっている。つまり最低400字ということだ。枚数は上限が設定されているのに、なぜか文字数では1枚あたりの下限が設定されている。

で、さらにややこしくて、長野刑務所のローカルルールでは、「400字程度にしろ」となっている。

僕はできるだけ多く発信したかったので、最初は1200字ぐらい書いて、「字が小さいぞ」と怒られた。それで、次は600から800字ぐらいにした。ここでも〝倍賭け〟ではある（笑）。

でも、それは黙認してくれていた。ありがたい……。といったところで裏ルールになる。

刑務所では、こういったことがたくさん起こる。検閲もそうだが、その〝黙認の妙〟は、囚人に許された唯一の自由区なのかもしれない。そして**その自由区を楽しめるのは、やはり知識を持っている者だけ**だ。

塀の外でも中でも、結局自由になれるのは、その他大勢が持っていない知識を身につけた者だけ。それは変わらない。

なので、これ以外にもいろいろと刑務所に関連した本を読んでいた。その中にはシャバで読んでも面白いものもけっこうあるぞ。

そんな獄中本を、実際の囚人目線でレビューしてみることにしよう。

『獄窓記』（山本譲司《じょうじ》）は収監されて間もない頃に読んだ印象的な1冊だ。

山本譲司さんは元衆院議員。議員2期目となる2000年9月、政策秘書の給与を流用した詐欺罪により実刑判決を受けた。

事件の裏舞台も面白いが、刑務所の実情が描かれる部分はリアリティがある。汚物まみれの凄惨《せいさん》な現場、看守らの圧力……収監されたてで約2年の刑期を残していた僕には「うわぁ……へこむわぁ……」という感想しか出てこないような、衝撃的な内容だった。

秘書給与詐取で1年6カ月の実刑判決を受けた著者は、黒羽《くろばね》刑務所（栃木県）に収容される。与えられた仕事は僕と同じで、高齢者や障害者の介護衛生係である。
だが、僕は法改正で変更された「受刑者処遇法」によって処遇されていた。
そのため、彼が受刑した「監獄法」時代とは違い、更生教育はきちんとしている
し、本作で書かれている寮内工場（障害や病気のある受刑者が働く工場）のような状態はほとんどないし、下の世話をしたときは入念に消毒することを促されるなど、受刑者の健康・衛生には気配りがなされていた。

2001年に名古屋刑務所で、刑務官が受刑者の肛門に向けて消防用ホースで放水して死亡させた虐待事件など一連の「名古屋刑務所事件」があってから、監獄法という法律が100年ぶりに改正され、受刑者処遇法になったのだ（本当はもっと名前は長い）。

ルールの明確化など、抜本的改善がなされている。
例えば面会は月2回、運動は1日に必ず30分はできるといったことが定められた。
また、法改正以前は、受刑者の物品はすべて官が管理していた。官が一旦預かって、受刑者に貸与するという方式を取っていたわけだ。

それが、「基本的には私物バッグに入る分は自由に管理していい」となった。このおかげで僕は大量の本を持つこともできるようになったわけだ（そうじゃなかったらもう、情弱の完全体になっていたところだ……）。でも、山本譲司さんの時代はそうではなかったわけだ。

逆に言うと、彼が本作で問題提起したことは、法改正によってかなりデバッグされていると言えるだろう。この貢献は非常に大きなものだ。

続いて『ムショ医』（佐藤智美）。漫画である。女子刑務所の女性医者の話だ。で、これも、おそらくさっき話した法改正以前のことを前提にしているストーリーだ。

それもそのはずで、アドバイザーが『獄窓記』の山本譲司さんだからである。今は独居房は「単独室」、雑居房は「共同室」と改名されており、「独居房＝問題児懲罰房」という考えも古いかもしれない。検診も充実しているぞ。僕はそれで結石が見つかったのだ。

シャバでも読んでいたせいか、収監されて「あーここは変わったんだな」と、いろいろわかることがあった。僕は本作で、収監前と収監後の〝一粒で二度美味しい〟経験ができた数少ない読者ではなかろうか？

細かいリサーチの部分はさておき、法改正以前の刑務所の様子を、刑務所の医務室から定点観測でき、さらに漫画で読めるというのは面白いところだ。

ん？　そうか！　僕の『刑務所なう。』は法改正後の刑務所における初の収監ルポ（こんなジャンルがあるのかわからないけど）なのではないか？　そういう点では、これからの刑務所を語る上では外せない1冊に……。東京拘置所にも置かれていることだし、これからムショものを書こうとしている作家さんたちにも、ぜひぜひご活用いただきたい。はい、宣伝終わり（2回目）。

さて、最後は『超闘《スーパー》死刑囚伝―孫斗八の生涯』（丸山友岐子《ゆきこ》）だ。『北斗の拳』のようなノリのタイトルだが、著者は女性である。

めちゃくちゃ面白い。期待通りの本だった。論点は、今も議論が続く死刑制度である。日本は死刑をいまだ廃止していない、世界では少数派の国だ。死刑は遺族の代理復讐《ふくしゅう》という以外に合理的な説明は難しい。果たしてそれは、是か非か――。

1950年代、もちろん法改正前の監獄法時代だ。著者の丸山友岐子さんが変態死刑囚・孫斗八をルポしていく中で、彼の死刑に対する獄中闘争を描き、人権や法律など、様々な真実や矛盾を浮き彫りにしてゆく。秀れた記録文学だ。

この孫斗八という死刑囚は、在日朝鮮人だ。自己顕示欲がものすごく強く、受けた差別はさらに彼を屈折させた。それでいて、こらえ性がなく、無一文になった。

しかし、そんな様子を見かねて、心優しい人が現れ、施しを与える。だが孫斗八は、その人の寝込みを襲い、結果2人も殺してしまう。それが彼の犯した罪であり、死刑判決となった事件であった。という、見下げた奴といえばそうだ。

ところが彼は、法が人の生命を奪うのは不条理だと告発し、獄中で死刑廃止闘争を展開する。

「お前が言うな」という感じだが、監獄の中の人権向上などの訴えをどんどん起こし、なんと一審で勝訴するという成果も出すのである。

かくして、孫斗八は人権擁護派連中にどんどん祭り上げられ、獄中でさまざまな権利を獲得する。差し入れもたくさん受け取って、刑務所で贅沢をしていたのだ。

昔の死刑囚はけっこうユルく、みんなでいっしょに運動したりといったことが東京拘置所でもできたそうだ。もちろん今は禁止されている。

彼の闘争がどうなったかは、本作を読んでの……といういつものお約束にしておこう。

彼の戦いによる教訓が生かされなかった結果として、あの名古屋刑務所事件が起こったと言えなくもない。

事件が起こってから法改正はされたものの、国連が推奨する人権レベルと比較すれば、まだ不十分だと感じる。本作を読むと、**日本は北朝鮮のことを揶揄《やゆ》できるほど、人権への配慮ができているのかと疑問さえ出てくる。**

犯罪者が人権をとやかく言えたものか、と一蹴《いっしゅう》してしまえばそうでもある。

しかし、人が人とみなされない場所だからこそ、刑務所というのは人権の本当の姿が見え隠れする場所でもあるのだ。

4. この2年で「日本人の生き方」が変わった？

【ライフスタイル】

塀の中の〝ベストセラー研究〟

100万部のベストセラーを書きたい。

これは本を書く人なら、誰もが持つ夢ではないだろうか。

最近で、100万部売れたベストセラーで有名なのは、阿川佐和子さんの『聞く力』だろう。

僕の本の最高記録は今のところ50万部。これでもベストセラーだと言われるものだが、やっぱり100万部超えのベストセラーを出したいものである。100万部ベストセラーというのは、物書きにとっての勲章であり、称号であり、エベレスト登頂のような栄光だ。

出所したら必ずベストセラーを書くぞ！　と思って意気込んでいたら『夢をかなえるゾウ』（水野敬也《けいや》）のベストセラーをもつ作家の水野敬也くんが面会に来てくれた。差し入れは、いろんな著者のベストセラー本の盛り合わせだった（笑）。

よくベストセラーは「最初はそんなに売れるとは思わず……」というエピソードとセットになっている。やはりここでも「考えるな、感じろ」なのか？　しかし、しっかり読みこめば、売れる本のヒントがつかめるはずだ――と、僕は塀の中でベストセラー研究を始めた。

ベストセラー作家としては先輩だが、水野敬也は僕の後輩のようなものだ。

僕が『堀江貴文のカンタン！儲《もう》かる会社のつくり方』や『１００億稼ぐ仕事術』（な、懐かしい……）なんかを出していた２００３年前後に出会っているから、もうかれこれ10年ほどの付き合いだ。

その頃、彼は『ウケる技術』（水野敬也）という本を出していて、これが９万部ぐらい売れていたが、まだ僕のほうが売れていた。しかし、水野敬也はこの後どんでん返しをしてくるわけだ。それが〝夢ゾウ〟という衝撃である。

解説するまでもないだろう。「『成功法則書を読んでも人が成功しないのはなぜか？』この疑問に対する１つの解答を用意したのが本書です」という大胆不敵な内容で、10カ月で１２０万部を突破した。続編の〝夢ゾウ２〟も好調だった。

彼が差し入れてくれたベストセラーをいくつか紹介しつつ、僕のベストセラー研究を書評代わりとしよう。

まず、これは絶対読まないだろうと思っていたのが『成りあがり How to be BIG―矢沢永吉激論集』（矢沢永吉）だった。

なぜ読まないと思ったかというと、僕は彼の考えには共感できないことが自明だったからだ。ヤンキーたちにガッツリ盛り上げられている、彼の「ファミリーを大事にする」といった哲学には、全然共感できないのだ。

しかし実際に読み始めてみると、と……止まらない。まさに矢沢永吉、伝説的（？）な書だ。しかも構成を担当しているのは、あの糸井重里《しげさと》さん。面白くないわけがないのだ。

この本を出したのは矢沢永吉28歳の頃である。その〝若さ〟を感じさせないほどに、彼がすでにスタイルを確立していることに驚かされる。ここまで洗練されていたからこそ、数十億円をだまし取られても平然と（少なくとも傍目《はため》からはそう見える）復活できたんだろう。けっして舞い上がらず、自分の目標に向かってストイックに努力する姿には、読み始めると、誰もが引き込まれる。

完成された「矢沢ワールド」がある。そこには、彼のファンでなくても、吸い寄せられてしまう。宇宙で小さい星が大きい星の引力に引かれてしまうのと同様の物理法則が働くのだ。

彼を追うファンたちは、今でも「8・30」（やざわ）のナンバープレートをつけたファン特別仕様車で集う。フェスに行けば、どれだけ矢沢ファンがいるかがすぐにわかる。これはすごいことだ。

これは水野くんの『夢をかなえるゾウ』にも通底している。僕にしてみたら、特別目新しいこともないのだが、完成された自己啓発ワールドがそこには確かにあり、「自分探し人」が手にとって夢中になる姿が容易に想像できる。これがベストセラーの完成度なのか……。

続いて『五体不満足』（乙武洋匡《おとたけひろただ》）だ。タイムリーではある。乙武さんは、車椅子を理由にレストランで入店拒否されたとツイッターで告白し、レストラン側は謝罪と弁明を行う……ということがあった。乙武さんは入店拒否騒動での〝店名晒《ざら》し〟を反省し、「冷静さを欠いた行為だった」と釈明。一連のニュースは日本中で話題になり、厚労相すらもが答弁する騒動となった。

僕は店側がその場で入れてあげれば良かっただけの話だと思うけど、たぶんテンパってしまったのだろう。それと昨今の日本人お得意の慎重さで、起こりうるマイナスのケースを、いろいろと想像してしまったのだろうな。

乙武さんは、もし当日、雨が降っていなくてスーツを着てなかったら、車椅子を路上駐車して自分でよじ上っていった気もする。運が悪かったということもあるだろう。結果として、これをきっかけに、いろいろな問題提起がされたのは良いことだと僕は思う。

本を読むより先に本人に会ってしまっていたので、『五体不満足』自体は読んでいなかった。今回、水野くんに差し入れてもらったのでいざ読んでみたら、本人を知っているだけに、書いてある内容もイメージしやすかった。

なんというか、乙武さんはフツーの人なのである。飲んで酔っ払って、カラオケして、いっしょにベロベロになって帰っていく。本書で語っているように「エエカッコシイ」であるというより、本当にちゃんとしたイイ人で、カッコいい。前向きなオーラに満ちていて、人間として素敵であるから、障害者だからどうといったことは感じない。むしろこちらが慣れてしまい、何も気にならなくなっている。

本作はいろんな読み方ができるだろう。「環境さえ整っていれば、ボクのような体の不自由な障害者は、障害者でなくなる」という乙武さんの言葉は、本当に的を射ている。

日常で接している乙武さんが、本当にそのままに出ている本だ。虚飾が一切無い。それが本作を強いものにし、ベストセラーに押し上げたのだろう。

ちなみに乙武さんのツイートをまとめた〝つぶやき集〟である『オトことば。』（乙武洋匡）もオススメだ。

……このやり方もアリだな。ツイッターは本当の人柄がにじみ出てくるメディアだ。実際にその人と会って話しているような気持ちになるのは、ツイッターだからこその質感でもあり、そう感じられるのは時代のせいでもあるだろうな。

最後は『PLATONIC SEX』(飯島愛)だ。解説はもういいだろう。

僕と飯島愛さんは同い年だ。僕が田舎でツメエリの学生服を着て、コンビニで買ったエロ本でオナニーしていた頃、彼女は東京で刺激的な人生を歩んでいた。読み進めると、自分はこの頃何してたっけなーと思いにふけってしまう。もし、立場が逆だったとしたら、僕はどうなっていただろうか、とふと考えた。

面白いもので、田舎を飛び出し、東大に行き、起業して30代になって、僕は彼女と知り合うことになった。

異性との関わり合いに関しては、彼女は純粋すぎたのかもしれないと本作を読んで感じた。それと、作中に登場する〝石川さん〟が死ぬエピソードが、飯島愛さんの若すぎる死を暗示しているように思えた。

「人は死ぬ。死んでしまったら、恩を返すことはできない。死んでしまったから恩を感じただけだ」という言葉が象徴している。

結局、何をどうすれば100万部に達するかということは、読んでみてもわからなかった。もちろん、勉強にはなったが、そこから見えるのは結果論でしかない。**本づくりに限らず、これから物事を起こすために必要なのは、結果論の分析ではなく、0を1にする行動でしかない。**なので、僕は今までとまったく違う本づくりをすることにした。それで100万部を狙うのだ。

その方法とは、従来は完全にブラックボックスだった本の制作過程をすべてニコ生で公開し、原稿はクリエイターと読者をつなぐサイト「cakes（ケイクス）」で連載し、それを書籍化するという、まったく新しい出版プロジェクトだ。あの『もしドラ』の編集者で「ケイクス」を立ち上げた加藤貞顕《さだあき》さんや、藤野《ふじの》英人《ひでと》さんの新刊の編集をした星海社の柿内芳文《よしふみ》さんらの超ドリームチームでいくぜ！

引き続き、楽しみにしていてくれ！

童貞パワーが生んだ名作たち

男は誰しも童貞として生まれる。

大人になって風俗にハマったり、何百人とセックスするナンパ師になろうとも、生まれたときはみな童貞なのだ（当たり前だ）。

そして、個人差はあるが、一般的には人生においてけっこうな長い時間を童貞として過ごすことになる。そして、多くの人が一度童貞を捨て去ってしまえば、再び童貞に戻るということはない（当たり前だ）。


しかし、僕は戻ってしまったのだ。あの刑務所で。長い長い間セックスをしなかったので、〝もはや童貞〟。しかもその間、地球は太陽の周りを約2周したのである。

これは、長い。本当の意味での童貞喪失以来、2年間もセックスしないというのはあり得なかったことだ。

服役生活では、そんな「童貞力」をつけることができる。そんなものつけてどうするんだ！と思うだろう？　僕もそう思っていた。

しかし、**あの童貞時代のパワーというものに着目してほしい。**

あれは、すごいわけだ。

もはや行き場のない核分裂反応である。ドラッグのようなオナニーが終わっても、すぐに禁断症状が襲ってくる。街でちょっとカワイイ女の子を見かけると、どこにいても妄想がわいてくる。しかしそこで、その女の子をナンパしに行くことはできず、できたのは、せいぜいその足でエロ本を買って帰ることぐらいだった。

そんな長い童貞時代を送り、晴れて童貞を捨てた後は、それまで心の中に悶々《もんもん》としていたパワーを発散することで、いろいろな事を成し遂げられたようにも思う。

「やりたいことができない田舎の中高生の時に持っていたような、ギラギラした煩悩の数々、それをシャバに出たら炸裂《さくれつ》させるぞ！」と思いながら、僕は2年間という刑期を過ごしたものだった。


とはいえ、2年間は長い。どうせならここは身も心も童貞時代に戻ろうと、手にとったのは童貞文学（？）2冊。

1冊目は『僕の小規模な失敗』（福満《ふくみつ》しげゆき）だ。作者の福満さん自身が漫画家を目指すようになってからの青春を、悲惨に描く自伝的漫画だ。ある評論家によれば、「〝漫画家マンガ〟に外れなし」である。そしてこの漫画は何よりも童貞力で書かれているという、ブーストのかかった〝漫画家マンガ〟なのである。


福満さんはこの作品をきっかけにして漫画家としてもプチ成功し、童貞からも脱出した。いまだにその初体験の相手（つまり妻にして2児の母）をネタにしてエッセイ漫画を書き続けているのだから、やはり童貞力というのは底知れぬパワーがある。

読んでいて改めて気づくのは、「童貞の思い込み」は最強であるということだ。世には星の数ほど魅力的な女性がいるのに、最初の出会いに、あまりにむやみに執着しすぎてしまうのだ。そして、それは僕にも心当たりがあることだ。

ストーカーと紙一重の猛烈アピールの末、女性側も根負けして結婚しちゃったりする。

福満さんは新機軸ストーリーマンガも連載中だ。なかなか面白いが、さて、エッセイ漫画の枠を超えることができるだろうか?

続いてもう1冊は、『風俗行ったら人生変わったwww』(@遼太郎)だ。タイトルがすべてを物語っている。童貞喪失の圧倒的パワーについて、日本中の童貞が集まる2ちゃんねるのスレに投稿されたものが元ネタだ。電車男の風俗嬢バージョンといったところ。

ストーリーは29歳のブサメン童貞・遼太郎が、風俗に行くことを決意することに始まる。行ってみると、すごくタイプな女の子がやってきた。しかしここに来て、遼太郎は過呼吸になった挙句、手を出せずに終わってしまう。「童貞の壁」に真っ向からぶつかって玉砕したわけだ。

しかし、遼太郎が過呼吸になった時、風俗嬢の「かよさん」は、彼の口にビニール袋を当てて助けてくれる。なぜ風俗嬢が過呼吸の応急処置を知っているのかは謎だが、この「かよさん」の天使ぶりに遼太郎はばっちりやられてしまい、惚《ほ》れ込んでしまう。遼太郎は「かよさん」に再び会おうとするが、やがて彼女が男に騙《だま》されて借金を背負い、風俗嬢として働いているという事実に直面する。なんとか救い出そうと遼太郎は立ち上がるが……という、藤沢周平の市井《しせい》ものかと思わせんばかりのストーリーが、現代の童貞と風俗嬢の間で展開されるのである。

それにしても、童貞を捨てた瞬間は、誰しも世界の支配者になれるものだ。自分はこの世界の誰よりも幸せで、何でも思い通りになる、そんな強烈な感情が押し寄せてくるのだ（この状態の男子の脳内物質を調べる研究とかないのだろうか……。βエンドルフィンなどが明らかにおかしなことになっていると思うのだが・笑）。

そして、童貞を捨てた前と後では、人生がまるっきし変わったように感じられる。

これは一体なぜなんだ？

と、余裕をこいていられるのも、僕が童貞を克服できたからだろう。

昔の自分はそんなこと、とても言えなかったわけで。

僕は中学・高校時代を男子校で過ごした。そもそも女子に会う機会がものすごく少なかったのだ。制服を着た女の子が同じ教室に居るという経験がない。なので大学生になってからも、女子に免疫がなくて何ひとつうまくいかなかった。

意外に僕は、〝ウジウジ系〟だったのかもしれない……。

先日、東大の頃の同級生が集まって僕の出所祝いをやってくれた（まだ保護観察中だけど）。で、僕のクラスというのはちょっと珍しくて、なんと6割が女子だったのである。しかもそんな集まりの時というのは、面白いもの見たさもあって、8割が女子になってしまうわけで。

もうみんな40歳くらいになっているから、おばさんなのだけれど、18歳くらいの頃を知っているから、ついつい「ああ、この子かわいかったなあ。好きだったんだけどなあ」なんて思ってしまう。当時、声をかけることすらできなかった自分に教えてやりたい。恋愛なんて大学受験と同じで、テクニックだけでしかないということを。東大に受かるテクニックを持っているのならば、お前はもう、やりたい放題であったと……。

みんな結婚したり、子どもがいたり、いろいろだ。もう同じような境遇で、同じ教室で肩を並べていた頃には戻れない。

刑務所で一時的にではあれ、身も心も童貞に戻ったせいか、なんだか新鮮な気持ちになれた出所祝いではあった。

決定！「人生で一番泣いた本」

ということで、次は刑務所で泣きまくった2冊を紹介しよう（笑）。

僕は泣きたい気分だからといって、本に手を伸ばすタイプではまったくないけれど、『とんび』（重松清）は、思い切り泣きたいという人に、激しくオススメだ。

重松清さんの数ある作品の中でも群を抜いて素晴らしい。

もともとこの本は『週刊アスキー』（買う本を選ぶときにいつも書評を参考にしている）の総編集長の福岡さんに「是非！」と勧められたまま〝積ん読〟していた。収監後、ようやく読むことができ、「こんな素晴らしい本をなぜ、今まで積ん読なんかにしていたのか」と号泣しながら思ったものだ。

物語の舞台は昭和37年、戦後のいざなぎ景気に沸いている頃の日本である。元暴れん坊でトラック運転手のヤスさんとその妻・美佐子さんという、新婚ホヤホヤのカップルの間に子どもが生まれる。旭《アキラ》と名付けた子と、妻とともに過ごす日々は、幼い頃に親と離別したヤスさんがようやく手にすることができた、小さな幸せだった。しかし、家族に突然の悲劇が訪れ、その小さな幸せは、ヤスさんの目の前で無残にも打ち砕かれてしまう……。

我が子の幸せだけは守ろうと立ち上がる不器用な父親の、悲しくも深い優しさに満ちた物語である。

タイトルの『とんび』とは「とんびがタカを生んだ」の「とんび」であり、旭はまさにできのよいタカのように成長していく。旭は今ちょうど50歳を越えた頃という設定だろうか。そんなことから、作者である重松清さんの自叙伝的というか、体験に基づいて書かれたような気がしている。

読み終えて、ちょっと自分の親父のことを思い出してみた。僕の親父は不器用な人だったが、僕のことを「とんびがタカを生んだ」などとは思ってはいなかっただろう。少なくとも大学の頃はそうだった。

作中のヤスさんは「法学部を出たら弁護士だ」みたいなことを言ってたけど、親父もそういう思い込みをいろいろ持っている人だった。つまり「世間として、こうあるべきだ」というような法則を僕にも当てはめようとしていた。それを僕は面倒だと思っていたものだった。大学を退学して会社をつくることになったときも、一言も相談しなかった。それでもバレてしまい、いろいろ小言を言い出したので、それからは連絡を取るのもやめて、完全に無視を決め込んだ。

収監中に読んだ『かくかくしかじか』（東村《ひがしむら》アキコ）という純粋に面白かった漫画があるけど、その2巻に同じようなエピソードがあった。この漫画は、作者の美大受験前後の話で、ある時、地元でお世話になった先生が、金沢の美大に通う東村さんを訪ねてくるのだけど、その先生が小言を言い出してしまう。そこで、東村さんは面倒くさくなり、彼氏のところに逃げ込んでしまう……僕の行動もこれと似通ったところがある。いずれにしろ苦手だった。僕と親父はいつもそんな感じだった。

続いてもう1冊。『東京タワー　オカンとボクと、時々、オトン』（リリー・フランキー）だ。リリーさんの自伝的小説であり、200万部を突破する大ベストセラーとなった国民的名作として名高い。

僕はリリーさんのファンでもある。リリーさんとみうらじゅんさんによる、〝死〟をテーマにした対談本『どうやらオレたち、いずれ死ぬっつーじゃないですか』なんかも読んでいる。一般的には重たいテーマである死を扱いながら、相変わらずのユルーい雰囲気。このマイペースさは見習わなければいけないかもしれないな、としみじみと思ったものだ。塀の中でだけど（笑）。

そんなリリーさんの『東京タワー』も、映画は見たけれど、本は読む時間がなくて、これも積ん読状態だった。

リリーさんと初めて会ったのは、2年以上も前になる。『週刊プレイボーイ』での対談だった。いつも遅刻してくるらしいリリーさんは、そのときも2時間近く遅刻してきたかな？

僕は『週プレ』に連載されているリリーさんの人生相談のファンだった。そのためだけに『週プレ』を読んでいたようなものだ。そして、連載が終わった時は心にぽっかりと穴が空いたようになってしまった（後にシーズン2として復活したが）。

同じ福岡県出身で、方言になんとなく親しみを覚えたこともあり、一緒に早稲田祭で人生相談イベントをやったり、渋谷のホルモン料理店「ゆうじ」に呼んでもらったり、ときにはSMクラブに連れて行ってもらうようにもなった。さらには『リリー・フランキーの人生相談』という単行本に登場させてもらったりもした。

出所して、30キロ以上痩《や》せた体でリリーさんにグラビア写真を撮ってもらうという念願も叶《かな》い、『週プレ』で「復活ヌードグラビア」を披露することにも成功した。これは一生ものの記念になる。

リリーさんには、僕が子どもの頃の話なんかもしていた。

クラスにいたガキ大将みたいなやつが「赤ちゃんは腹をかっ捌《さば》いて生まれてくるんだ」とか言ってて、僕が「お尻《しり》の穴から生まれてくるんだよ！」って反論してケンカになった。クラスの一部は、「ガキ大将の一党独裁を崩した」なんて言ってくれたけど、大部分には「なんだ、あいつは！」って叩《たた》かれた。こういう世の中の構造は、昔も今も変わっていないんだな——なんて話をリリーさんにしたんだ。

そしたら、リリーさんは、

「いろんなIT関連の人たちがメディアに出るようになったけど、堀江さんだけは、ちょっと毛色が違いましたよね。……不愉快なこともあったけど、なんか田舎から出てきた子どもが本気で世の中を引っくり返そうとしてる感じがしておもしろかったよ」

なんて言ってくれたんだ。

刑務所に収監されるにあたっては、ニューハーフクラブまで奢《おご》ってもらった。そこでのノリで、『週プレ』で水着グラビアをやることになり、撮影はリリーさんの自宅で行うことに。そのとき僕が競泳用水着に着替えた部屋には、仏壇があった。あの〝ママンキー〟ことリリーさんのお母さんの仏壇の前で、40前の男がフリチンで水着に着替えるという図はかなり不謹慎だったなあ。

そんな意味不明なママンキーとの関わりを持っている僕だけれど、刑務所で本作を泣きながら読んで思ったのは、映画よりも100倍ぐらい良いということだ。

何も映画が悪いと言っているのではない。本を読んでいると、リリーさんの声が聞こえてくるし、あの方言の使い回しが郷愁をさそうのだ。

リリーさんの周りにはいつも人がいる。その周りにある、優しさのある風景は本当になんとも言えない雰囲気があるのだ。それを受け止めるには、本のほうがいいような気がしたのだった。

2冊読んで思うのは、これらはファザコン、マザコンの話だということ。僕はある意味、**ファザコン、マザコンになれる人は幸せだ**なと思っている。

僕の場合、そうなっちゃうと、別れ（親はたいてい自分より早く死ぬ）が怖くなるな、と考えてしまうところがある。だから親との距離は、いつも適度に取るようにしている。電話がかかってきても、2回に1回出るぐらいがちょうどいい。年に一度ぐらい会えばいいのかなぐらいの感覚。

そうでないと落ち着かない。たまに距離を取れなくもなるけど（笑）。

適度に距離感を保ってたほうが、別れのときに、ダメージが少ない。これは、ビジネスにおけるリスクヘッジと一緒だろう。

ファザコン、マザコンになりたいとは思わないけれど、なれないからこそ、何か惹《ひ》かれるものがあったのかもしれない。

やっぱり、理系のオタクが世界を変える！

理系オタクを題材にした時代ものは、僕が今もっとも注目しているジャンルだ。

もともとサイエンス系のノンフィクションが好きというのもあるけれど、なんといっても面白い。とはいえ、書き手がそれほどいるわけではないから、今では冲方丁《うぶかたとう》さんが代名詞だといってもいいジャンルかもしれない。

もうおわかりだろう。まずは『天地明察』（冲方丁）の素晴らしさについて語ろう。ずっと読もうと思っていて時間が作れず、時間ができたのが塀の中というのも皮肉なものだ。

科学者や理系オタクは、どんな時代にいても、その時代の環境の中で、最先端の科学を希求するというマインドが同じだ。だから、たとえ舞台が江戸時代でも、その感動は古びたものにはならない。そこが面白いところだ。

そしてそれは、一人の人生の中でも同じだ。

僕は自分で会社を経営して、ロケット開発をしている。宇宙開発というのは、今の地球上で最高レベルの科学が集まる分野であり、ロケットというのは、人類の叡智《えいち》が集まるメディアである。そして宇宙というのは、人類の揺るぎない夢と希望の源泉だ。だから面白いし、興奮するし、人を感動させる。

そんなロケットを僕といっしょに開発している仲間たちは、もう40代後半だが、僕と同じ永遠のロケット少年だ。

ずっと夢を見続けて、追い続けることができる。時間を経ると肉体とともにマインドまで老いていくような生き方とは、正反対だ。

理系オタクというのは、永遠の青春を約束された人々なのだ。

『天地明察』の主人公は渋川春海という江戸時代の囲碁棋士。「はるみ」なんて名前だけど、実は男性。当時は将軍家綱《いえつな》の治世で、春海は江戸城に出仕していた。

春海が面白いのは、囲碁に精通している他に、数学天文にも興味を持っていたということ。囲碁棋士にして天文学者である。彼はまさに江戸時代のギークカルチャーを地で行っていた人物だった。

春海はそのうち、日本独自の暦をつくるというプロジェクトに乗り出し、様々な権力者が彼を支援する。幾多の試行錯誤をしながら、暦をつくる夢を果たしてゆく姿には引き込まれる。

そして渋川春海と、和算の祖として知られる関孝和、春海の意中の少女「えん」が出会うのだ。この理系オタク3人を出会わせたのは、「算額奉納」という、数学の問題と解答をやりとりする日本独自のシステムだ。

なんと絵馬に問題を書いて奉納しておけば、誰かがそれを解いて答えを書いてくれるという、「Ｙａｈｏｏ！知恵袋」ばりのソーシャルメディアが江戸時代の日本にはすでにあったのだ！　これを通して3人が出会っているわけなので、今でいえばネットで出会ったようなものだろう。

そしてこのヒロインの「えん」がまたツンデレで……理系男子の喜びそうなキャラなんだよ……。この恋の行方はぜひ本作で。

ちなみに、彼らは渋谷の金王八幡神社で出会うのだが、そこにある鳥居の隣は「ライブドア」の前身「オン・ザ・エッヂ」のオフィスビルがあった場所だ。奇妙な縁を勝手に感じてしまう。それほどに僕はこの物語が好きになった。

というのも、一気に物語が加速する中盤に、渋川春海が天体測量のために観測隊に同行するシーンがあるのだが、その隊長らが50代60代のオッサンなのだ。

彼らは本当に少年に戻ったかのように、精力的に観測を行っていく。これが、今の僕の身の回り、つまり、いっしょにロケット開発をしている仲間たちと重なるのだ。

「未知のものを、見てみたい」というのは、誰でも自然にもっている感情だろう。

さらに、**未知を既知にしていく喜びは、人を永遠の少年にする。理系オタクの青春は終わらない。**


ちなみに、著者の冲方丁さんが渋川春海と出会ったのは、16歳の頃だったという。なんでも、学校のレポートの題材だったそうだ。なんて渋い高校生なんだ！

人物もさることながら、彼は暦というものに惹かれたという。日本人が何かを信仰するとき、暦はその感性の拠《よ》り所になってきたのではないかという。

「こういうふうに生きるべきだ」とかの教理ではなく、その日がどんな日でどんな月に位置しているか、そして自分の生年月日自体を、一つのめぐり合わせと捉《とら》える。それが非常にユニークな日本文化だと思ったという。確かに誕生日やら前世占いやら、日本人は自分のめぐり合わせを大切にするよなあ。

続いてもう1冊。『JIN―仁―』（村上もとか）という漫画を紹介したい。ちょうど刑務所に入った頃に読みたいと思っていて、読んでみると予想通りめちゃくちゃ面白かった作品。

この作品は、理系オタクを惹きつけてやまない、理系題材の時代ものだ。しかも僕の好きな医療系フィクションである。

主人公は現代の脳外科医・南方仁《みなかたじん》だ。彼がとある患者の頭部裂傷の緊急手術を行った際、頭蓋骨《ずがいこつ》内に封入奇形児を発見し、摘出する。すると手術後に、仁に謎の声が「元へ戻シテ」と囁《ささや》くようになる。さらに逃走した患者ともみ合っているうちに、なんと幕末へとタイムワープしてしまう。

と、まあここまではよくあるストーリーだ。でも仁が面白いのは、タイムワープした幕末で、当時の技術を最大限に使い、ものすごく高度な医療を実現し、人の命を救っていくというところにある。

たとえば、ペニシリンを大量合成しようとする。幕末でだ。当然、現代のような実験設備も生産工場もない。

そこでどうしたかというと、なんと醬油屋《しょうゆや》さんが登場する。

醬油屋さんが登場したところでどうするんだ？　と、一瞬ポカンとしてしまうが、ヤマサの本社のある銚子《ちょうし》や、キッコーマンの本社がある野田に行ってみればわかるが、醬油づくりはバイオテクノロジーだ。そしてその製法は幕末にもすでに確立されたものがある。実は江戸時代の日本で、もっとも進んでいたバイオプラントは、醬油屋さんということ。仁はそこに目をつけるわけだ。

炭を使って濾過《ろか》する器具をつくり、寒天の培地を作って、そこで青カビを増殖させ、濾紙を使ったペーパークロマトグラフィーのようなもので濃縮する……。そうやって純度の高いペニシリンを作り、最後は乾燥して保管する技術まで開発する。

他にも、鍛冶屋《かじや》には手術器具を作らせ、職人に頼んで注射針を作らせ、点滴器具一式を生み出す。生理食塩水も作って、コレラにかかって脱水症状になっている患者を救う。

本作が読ませるポイントは、醬油屋さんで作るペニシリンしかり、**事実考証がかなりしっかりしていて、歴史と医療のノンフィクション的な側面があるところ**だ。

それが、〝当時の技術でどこまで人を救うことができるのか〟という戦いに強烈なリアリティを与え、理系オタクをシビれさせるほどの読み応《ごた》えを生んでいる。

また、このアプローチは、冲方丁さんにも通ずるところがある。『天地明察』も暦学についてのかなり専門的な考証がなされていることは疑いの余地がなく、それだけでも一級のノンフィクションになり得るくらいの価値がある。

時代ものと理系的アプローチの交差点には、新しい読者がいることは間違いなく、これから面白いものがどんどん生まれてくる気がする。プロデューサーとしても、がんがん関わっていきたいと思えるジャンルだ。

5．日本はこの先、一体どうなるの？

【過去・現在・未来】

「時代を読む力」がありすぎると、悪役にされる

歴史の解釈には、「たった一つの正解」があるわけではない。

もちろん、何年に何が起こったかといった、史料からわかる史実は揺るがないものだろう。

しかし、**歴史というものは、常に変わり続ける「今」から解釈される**ものだ。だから、今「正解」とされているものが未来に変わることもあるし、過去に「間違い」だとされていたものが今になって「正解」になることだってある。

つまり、歴史というものは、完結したものではなく、今も変わり続けているものだ。

そのため、今まで悪役キャラだった人たちも、見方を変えるとかなりいいことをしていたり、現代でも参考になるほどの偉業をやってのけていたりする。それらを観察

するのは面白い。

田沼意次《おきつぐ》も最近、再評価されつつある悪役キャラの一人だ。

僕は以前から興味があって、いろいろ読んだりしていたのだが、本としてまとまっているものを見つけたので読んでみた。『青雲の梯《かけはし》―老中と狂歌師』（高任和夫《たかとうかずお》）がそうである。

名門の出ではないが、老中、つまり今の総理大臣にあたる地位にまで登りつめた田沼意次は、歴史の教科書では悪徳ワイロ政治家として名高い。受験勉強で日本史を選択した人であれば、田沼意次と聞くと、悪役のイメージを浮かべるだろう。

しかし一方で田沼は、当時流行した狂言（大田南畝《なんぽ》らが広めた）などの自由な文化と、商人の活発な金融取引を拡大させている。これにより、庶民の圧倒的な支持を集めたのである。

エレキテルで知られる発明家であり戯作者であった平賀源内《げんない》を重用したのも、田沼意次である。本作の序盤で描かれる、もう一人の主人公、狂言師の大田南畝との会話の中で、平賀源内は面白い発言をしている。

まず、〝幕府中興の祖〟と呼ばれていた徳川吉宗を「ああ、ありゃダメさ。〔…〕米さえどうにかすれば、世の中がよくなると錯覚した。倹約すれば幕府の財政を立て直せると勘違いした。根本的な解決にはならんわさ」とぶった切る。大田南畝は、これまで正面切って吉宗を批判する者に出会ったことがなく、腰を抜かさんばかりに驚いた。

さらに田沼意次については「賄賂《わいろ》なんか、いくら取ったってかまわんのだよ。この国がよくなればいい」と喝破し、幕府については「九分九厘潰《つぶ》れる」とすら予見してしまう。当時、160年以上も続いてきた幕府が潰れるなどということは、想像すらできないことだったのである。

世の中の動きというのは、案外こういった〝裾野《すその》〟から見た時に、真実が見えるものだ。それはまた、歴史が動く前兆が〝裾野〟に現れることも意味するだろう。

本作の登場人物たちの会話に、そうした前兆が描かれており、どんどん田沼意次が待望されていくところも読ませる部分である。

田沼意次は、困窮を極めた幕府財政の再建のため、印旛沼《いんばぬま》の干拓や蝦夷地《えぞち》の開拓、さらには自由貿易を推進しようとした。幕府の抱える難題に、次々と斬新な手法で取り組んだのだが、教科書には名君として登場する松平定信によって失脚させられ、悪名を残すだけとなった。

大田南畝はこう考えていた。

「人は運命からは逃れられない。生老病死のみならず、生まれや育ちからも制約をうける。人の世は不公平なものなのだ」

まさにそれは真実だろう。平賀源内は、出身藩から他藩での出仕を制限され、不遇のうちに牢獄《ろうごく》で病死することになる。

そして、田沼意次や大田南畝が表舞台から姿を消した後に残ったのは、幕府の苦しい台所事情と、厳しくなった規制だけだった。そして数十年後、幕府は地方の下級武士によって葬り去られることになる。

自由で新しい発想を持ち、身分にとらわれることなくいろんな人を登用し、自由貿易すらも推進しようとする。**田沼意次がもし改革を成し遂げていたら、日本には明治維新があと100年は早く起こっていたんじゃないか**と僕は思う。逆に言えば、抵抗勢力のせいで維新は100年遅れてしまったわけだ。これは大きな力だ。政治における抵抗勢力の力というのは、歴史すらねじ曲げてしまうのである。それがたとえ、国が望まないことであったとしても、だ。

読みながらふと、竹中平蔵《へいぞう》さんがディスられたりすることと、基本的な構造は同じだなと感じていた。後の政権の人たちに「あいつは悪い」「悪役だった」なんてことを言われている人が、よくよく考えてみると、斬新な発想と、すごくいい構想を持っていたりすることは、政治の世界でよくあることだ（ちなみに、竹中平蔵さんと佐藤雅彦さんの『経済ってそういうことだったのか会議』は、いつも僕がオススメしている経済本の良書である）。

また、第二次安倍内閣は、ある意味再評価によって成立した内閣だ。一度挫折《ざせつ》して、復活しているわけである。今の日本の政治の流れも〝再評価〟に向かっているところもある。

過去に間違いだと思われていたもの、悪だと思われていたものが、実は新しすぎただけだったり、そもそも周囲の状況が悪質な状態なだけだったりする。

もし、田沼意次が失脚しなければ……。しかし、歴史に「ｉｆ」はない。

では今、正しいとか良いとかされているものは、本当にそうなのだろうか？

そんなことをついつい考えてしまう。

変わりゆくテレビと、変わらない楽屋裏ドラマの面白さ

ずっと楽しみにしていた生放送が始まるのを「まだかなー」とテレビの前に座って待つ、という風景には、もはやノスタルジーを感じるくらいだ。

テレビ番組を、生放送で楽しむ——今は、それこそサッカーの日本代表戦の放映ぐらいでしか、あり得なくなったんじゃないかな？


テレビは、ハードディスクレコーダーといっしょに買うようになってきている。すでにハードディスクが内蔵されている機種も多い。

よって、放送内容自体は以前と何ら変わらないが、視聴者は、録画で見ることがほとんどだろう。

さらには「ツイッターでバズってるから、後で見る」というケースがどんどん増えている。放映している時間に見るのではなく、他の人がすでに見ていて、その話題で

盛り上がっているから、後追いで見てみるということだ。

もちろんテレビ自体はこれからも存在するだろうが、従来の視聴習慣をベースとしたテレビというものはなくなるだろう。と、まあこんなことは、僕はずっと前から言ってるわけで（笑）。

そんなテレビは、〝全録時代〟が完全に到来したら、いよいよ状況はガラっと変わるだろう。

たとえば、僕が何らかの形で関わろうと思っている会社の商品に「ガラポンTV」というものがある。ワンセグの全録レコーダーだ。

ガラポンTVには、最大8チャンネル分のワンセグを24時間、90日分以上録画できる。と、ここまでは普通のレコーダーなのだが、ガラポンTVには「ロケーションフリー」という機能がある。これは、出先などからスマホで、家にあるガラポンTVに録《と》りためられている映像を見ることができるというもの。レコーダーがインターネットに繋《つな》がれているのだ。

これが、テレビの視聴習慣を劇的に変える可能性がある。つまり「テレビ番組を、テレビで見る」習慣から解放するわけである。

ただアンテナを繋げて家に置いておくだけで、自動的に番組を90日分録画してくれるわけだから、後でツイッターで話題になったところを、スマホで好きな時、好きな場所で見ることができるようになるわけだ。僕なんかは、録画予約をするのさえも面倒くさいぐらいなので、すごく助かる。


今は、テレビ視聴の時間は、どんどんスマホに奪われている。

家にテレビがない人もいるわけだから、それに合わせてテレビも変化して、新しい楽しみ方ができるようになるべきだ。その一つの形が「ガラポンTV」というわけ。

これからは、テレビもネットで検索して見る時代になるだろう。その時に、ユーザーが一番よく使うインターネット端末とテレビの距離は限りなく0になっているのが好ましいのは当然のことだ。

そうなると、テレビ局というのは、コンテンツ制作に特化していかないといけないのかなと思う。例えばWOWOWとかは、すでにそうなってきていると言えるだろう。

とまあ、変わり続けているテレビには、これからもどんどん関わっていきたいと思っているけれど、いわゆるテレビ局の〝楽屋裏ドラマ〟というのは、これからも変わらずあるといいなあと思う。むしろテレビ局は、このコンテンツに特化して売り出すといいのでは……（笑）。そんなことを思わせる2冊のマンガを紹介しよう。

まず1冊目は『チャンネルはそのまま！―HHTV北海道★テレビ』（佐々木倫《のり》子《こ》）だ。『動物のお医者さん』の作者で有名な佐々木倫子さんの最新作だ。舞台は北海道のローカルTV局で、いわゆる「バカ枠」で採用された新米女性記者が主人公である。北海道のゆる〜い雰囲気は『動物のお医者さん』と共通していて、ファンとしては嬉《うれ》しいところ。

僕はどちらかというと、取材される側だけど、ある意味テレビのいろんな部署と絡んできたので、「あるある〜」的なシーンが満載で面白かった。

続いては『電波の城』（細野不二彦《ふじひこ》）だ。地方のFM局から、かつてはイケイケだった所属タレントゼロの芸能事務所に入った女子アナが繰り広げる、サスペンスあり、人間ドラマありのサクセス・ストーリーだ。

芸能界やテレビ局を舞台にしたドロドロ劇がメインなのだが、「これ、あの局だよな」とか「これ絶対あの人がモデルだな」と思わせる、巧みな隠喩《いんゆ》が面白い。

たとえば主人公は、レムリア教団という新興宗教の教祖に寵愛《ちょうあい》された幹部の娘、という設定だ。これがなんとも、あの教団を彷彿《ほうふつ》とさせる（笑）。

そのレムリア教団で、ある時、集団自殺事件があった。原因を探っていくと、どうやら舞台となっているテレビ局の現社長が、以前、とあるキャスターと一緒にレムリア教団を取材した時が怪しいことがわかり……。

そのキャスターというのも、なんとなく「あの人だろうなあ」という感じがあったり、そもそも舞台になっているテレビ局なんて「絶対あの局じゃん」って（笑）。このあたりを実在の人物等を想像しながら読んでいくと、面白さが増す。

レムリア教団元幹部の娘（主人公）は、札幌のＦＭ局のアナウンサーから始まり、上京して、小さな芸能系の事務所に入る。そして、最初はカエルのかぶり物なんかをしている「お天気おねえさん」からキャリアをスタート。それで人気が出て、格闘技系の番組に抜擢《ばってき》され、ラウンドガールもこなす。さらにそれがウケて、バラエティー番組の司会なんかもこなしていく。それがまたまたウケて、報道番組のキャスターのアシスタントにまでなってしまう。

そうしたら、レムリア教団の集団自殺事件に関わりを持っていたあのキャスターが自殺してしまうのだ。ここから先は読んでみてのお楽しみにしておこう。

とにかくテレビ局の〝楽屋裏モノ〟では今まででピカ一の作品。完全なるフィクションではあるけれど、格闘技系のテレビのプロデューサーがヤクザとズブズブだったりというのは、いかにも事実らしいにおいがするわけだ。そこをそのまま生かしているあたりのセンスがいい。

テレビは変わっても、楽屋裏の面白さは変わらない。僕も最先端のテレビにも関わりながら、テレビ局の一番面白いドラマにも関わっていきたい。

お金のゲームで勝つための「お金の教養」

経済学はお金の哲学なんだと思う。けっこう大事な教養だ。

それでもみんな、**お金の稼ぎ方とかはすごく勉強するんだけれど、「お金って何だろう」みたいなこと、つまり経済学ってあまり勉強していない**のではないだろうか？

経済学は、経済のことを難しく理解するものだと誤解されがちだけれど、それはちょっと違う。経済学は世の中のいろんなものを、お金の動きで見るとどうなるか、という視点を与えてくれるものだと思う。

少しでも経済学の視点を持つことで、いろんなことが面白く見えてくるのでオススメだ。そして、経済学を学びたければ、良書を読むこと。前にも少し登場したが、『経済ってそういうことだったのか会議』（佐藤雅彦、竹中平蔵）は折にふれて僕がオススメしている良書中の良書なので読んでみてほしい。

しかし、いきなり「経済学」と言っても、とっつきにくいかもしれない。なので、ここでは、経済学の少し手前の「お金で物事を考える視点」を、楽しみながら身につけることができる本を選んだ。

たとえば『江戸のお金の物語』(鈴木浩三)がある。きわめてわかりやすい江戸のお金の話である。

著者は経営学博士の学位を持ちながら、東京都水道局に勤める人物。まあ、変わり者ではある。しかし、江戸時代の通貨制度に、新しい経済学のヒントを見つけていこうとする姿勢は面白い。

とはいえ昔の話だろ……と思いながら読み進めていると「江戸時代は〝M&A〟の時代だった」なんていう見出しに引き込まれる。「株」自体の意味合いが、今とは違って「営業権」を表すものだったりするため、「M&A」といっても意味合いは現代とは違う。しかし、

〝札差仲間が経営の傾いた同業者の持っていた株を預かって休株＝明株としておいて、それを新たに札差業に参入する者に購入させた例もありました〟

ということも行われていたそうで、これは現代で言うと「業界団体が事業譲渡を前提に退出者と参入者の間に入ってＭ＆Ａを成立させたことにあた」るという。

本作を読み進めていると、実は明治維新よりもはるか前から高度な市場経済が成立していたことが次々とわかり、驚かされる。経済の視点から見ると、今まで見たことのない江戸時代像が浮かび上がってきて面白い。「見開き1テーマ」の構成も読みやすく、オススメだ。

そういえば似たようなテーマで、映画の『武士の家計簿』は、ちょうど観たかったタイミングで刑務所内で放映されてうれしかった。原作は『武士の家計簿―「加賀藩御算用者」の幕末維新』（磯田《いそだ》道史《みちふみ》）である。なんと新書が原作になっている映画なのだ。

加賀百万石前田藩の〝そろばん侍〟という変わった役職の侍・猪山直之《いのやまなおゆき》が主人公

だ。かわいらしい役職名だが、経理財務担当官僚である。そして彼の家は代々その役割の家だ。

しかし時は江戸末期、御多分にもれず彼の家も借金がかさんで破産寸前。そこで、そろばん侍・猪山は、家計を得意のそろばんで再建しようとするのである。刀ではなく、そろばんに生きた武士の、実話を基にした作品だ。

この「実話」というのは、原作である『武士の家計簿』に出てくる、「金沢藩士猪山家文書」という武家文書にある。この文書には、なんと当時の精巧な「家計簿」が完全な姿で遺されていたのである。

それにしても、どんな作品を読んでも**江戸時代の中期以降、中流以下の暮らしには苦しい状況が見てとれる。**故に明治維新という革命が必要だったのだろうな。

経済とは関係ないが、『リーマン侍　江戸語の世渡り』（野《の》火《び》迅《じん》著、小田扉《とびら》イラスト）という『週刊SPA！』で連載されている作品も面白い。

現代のサラリーマンと江戸中期の侍を対比させながら江戸語と文化を学べる作品だ。下級武士と平リーマンの生活の大変さを並べると、同じようなシガラミがあり、ストレスがあったりと、実はあまり変わらない。それぞれのエピソードを見ていると、とてもよくわかる。

もう一度言うが、江戸時代の中期以降、中流以下の暮らしは総じて苦しいという状況が見てとれる。

時代は一気に鎖国を超え、現代の本になるが、『日本人がグローバル資本主義を生き抜くための経済学入門—もう代案はありません』(藤沢数希)も入れておきたい。僕が好きな藤沢数希さんの本だ。

内容はタイトルの通り。ホットなテーマである為替レートや国債など、グローバル資本主義を理解するためのマクロ経済学のマインドセットが、藤沢さんの冴えた筆致とともにパッケージされているという、お得な1冊だ。

たまに数字嫌いの人が拒絶反応を起こしてしまいそうな数式が出てくるが、著者の言うとおり、読み飛ばしても内容を理解するのには差し支えない。『経済ってそういうことだったのか会議』の最新版のような本ではあるが、〝当たり前〟のことしか書かれていない。にもかかわらず、この〝当たり前〟のことが魔女狩りのようにマスコミやエセ文化人の批判対象にされてしまう様子は、江戸時代末期の蘭学者弾圧を思わせるものがある。

結局、鎖国が終わっても、なーんにも変わっていないのだ。インターネットが自由な言論空間であり続けているのが唯一の救いと言えるのかもしれないな。

なんだかずいぶん江戸じみてしまった（笑）。ムードを変えて、次は野球漫画といこう。

『グラゼニ』（森高夕次《ゆうじ》原作、アダチケイジ漫画）は今もっともプロ野球選手に読まれている野球漫画の一つだろう。

「お金」の視点で見ることで、今までの野球漫画が伝えてこなかったプロ野球選手の真実が垣間《かいま》見れる、めちゃくちゃ面白い一作である。

主人公は26歳、中継ぎピッチャーとして1軍にいる8年目のプロ野球選手だ。趣味は選手名鑑を見て、選手の年俸をチェックすること。キラキラ輝いているでもなく、落ちこぼれでもない、パッとしないと言えばそうだけど、悪くない立ち位置にいる選手だ。

今までの野球漫画では、まずこういった選手は主人公にはならなかっただろう。彼の年俸は1800万円。ちょっと多いように思えてしまいそうだが、プロ野球をお金という切り口で見れば、そうは思わない。

彼のキャリアと知名度で引退したら、その後ろには監督への道などもなく、年収1000万円の「ただの人以下」という道しか残されない。この歳にして、この額の年俸では、割にあわないくらいである。お金の視点で見ると、輝かしい世界として目に映っていたプロ野球の現実が顔をのぞかせる。

現実のプロ野球では、年俸で階級が決まっていく。主人公も、年俸が自分より高い人には弱腰だけれど、低い選手にはめちゃくちゃ高圧的に振る舞うという特異なキャラクターだ。「所詮《しょせん》プロはカネです」とサラリと語り、プロ野球の厳しさを如実に物語る。

主人公が、30歳で700万円という低年俸の打者を打ち取るシーンがある。この歳でこの年俸、来年の契約すらも危ぶまれるレベルだ。さらにその打者には子どもが2人いる。再就職がうまくいかなければ、来年から年収100万円の「一般人以下」の世界が待っている。それが「自分には野球しかない」プロ野球選手のアキレス腱《けん》だ。

「明日は我が身」と、主人公はこの打者を無情にも打ち取る。その翌日にはその打者は二軍に落とされた。

そしてこのエピソードは、主人公の野球界における価値の低さをも、暗に物語るのだ……。


引退後の人間ドラマも面白く読ませる。

たとえば解説者の契約がなくなった先輩が、六本木のキャバクラ嬢と結婚したりする。しかし、来年の契約はない。そこで周りが頑張って、独立リーグのコーチみたいな就職先を斡旋《あっせん》したり。その一方で、ちょっと活躍した選手で、引退した後には監督にもなれるけど、オリンピックのキャスターの仕事も来ていて、どっちにしようか迷ったりというのもあるわけで、野球人生もいろいろだ。

しかし、本当のプロの世界というのは得てしてこういうものだろう。最高のドラマと最悪のドラマが交錯する、とんでもなくサバイバルな世界である。

お金という視点で見ると、いつも僕たちが見ていたゲームが、まったく違ったゲームになる。

そしてこのお金のゲームというものは、お金の「動き」さえ押さえていれば勝てるのだ。

なんでもお金でなんとかなるのかというと、そうではないが、ビジネスでも駆け引きでも、その背後にあるお金のゲームを見ぬくことで、少なくともお金に振り回されずにそのゲームに集中できる。これが確実にゲームの勝率を上げ、結果としてお金のゲームでも勝てるのだ。

その素養を、ただ本（しかも漫画）を読むだけで体得できるわけだから、こんなに安い買い物はないかもしれない。

科学の知識は世を見通す千里眼になる

結局、これまでに何度も言っているけれど、儲けたければ科学である。当然のことだ。

都市に生きる人が身の回りを見渡してみたとき、その中で**科学的な方法を介さずに生まれているものなど、限りなくゼロに近い。**

現代社会は、言い換えれば科学の塊だ。科学的な手法で生み出され、大量生産されるモノによって、僕たちの生活は支えられている。それゆえに、科学は金になる。簡単な図式だ。

そして科学といえば理系である。よく「僕は文系だから」「理系は難しくて」なんて言っている人がいるが、理系を否定することは科学を否定しているようなもの。そしてそれは、科学に〝使われる〟人間になる、と言っているようなものだ。

そうではなく、科学を〝使える〟人間になっていくことで、いろいろ変わっていくんじゃないかと思う。

最近では、スティーブ・ジョブズの効果もあって、情報感度の高いビジネスパーソンの間では、文系と理系の交差点にある市場価値について考えることも増えているようだ。

とはいえ、何も微分積分ができたり、化学記号が理解できたりといったことを目指す必要はない（もちろん、できるにこしたことはないが）。

仮説を証明するプロセスや、物事を数字で置き換えて理解するといった理系的な思考と、何が新情報で、どこまでが旧情報かの土地勘が身につけばいいのだ。そうすることで、社会で起こる様々な科学的発見や発表に、ビジネスチャンスを見出せる頭になっていく。これは事業を起こす時だけでなく、投資をする時にも大いに役立つ視点になるはずだ。

で、理系の感覚を身につけるには、面白いサイエンス・ノンフィクションを読むのが一番早い。

ここでは、「最初の1冊！」であるとともに、「この1冊で100冊分の価値があると言っても過言ではない」とも言えるくらい重要な2冊を紹介したい。

それは『フェルマーの最終定理』（サイモン・シン、青木薫訳）と『暗号解読』（サイモン・シン、青木薫訳）だ。

これらの本は、扱っているテーマはヘビーだ。それでも初心者にオススメできる理由は、その完成度の高さにある。ストーリーとしてちゃんと面白いノンフィクションになっているのだ。

それも、この著者、サイモン・シンと、訳者、青木薫さんの組み合わせにあると言える。

まず、サイモン・シンは、数式そのものを、文字に変換できるという巧みな文才を持っている書き手だ。

数学の世界では、数式が言語そのものだ。そこには数式でしか語り得ないものがあり、それゆえ、数式を扱える者にしか理解できない壁がある。しかし、サイモン・シンは卓越した文才でこの壁を超えてしまう。中学生レベルの数学理解があれば、ついていけないということはない。少なくとも、何が書いてあるのかわからないということは起こらない。そこがサイモン・シンのすごいところなのだ。

それに加えて訳者、青木薫さんの存在も大きい。

この人の翻訳であればまず間違いがない。最近話題になった『量子革命―アインシュタインとボーア、偉大なる頭脳の激突』（マンジット・クマール、青木薫訳）の翻訳も彼女が手がけている。

海外もののノンフィクションの価値は翻訳が決める。そして、そもそも翻訳というのはおおよそ期待できないものだ。面白そうと思って手にとっても、訳が下手くそで意味不明なものが多い。訳というのはただの機械的作業ではなく、異なる言語間での〝意味の移動〟がいかに上手《うま》くできるかにかかっていると言えるだろう。

こと、理系ではそれが難しいものだが、それを見事にやってのけるのが青木薫さんだ。理学博士というバックボーンもあるからこそのクオリティと言える。彼女が訳しているものであれば即買いしてもいいくらいだ。

と、著訳者紹介はこのへんにして、まず『フェルマーの最終定理』を紹介しよう。

これは、

「3以上の自然数nについて、$x^n+y^n=z^n$となる0でない自然数（x、y、z）の組は存在しない」

という定理を扱った本だ。どうだろう？　数学に縁のない人からすると、意味がわからないかもしれない。本作の魅力は、この意味不明な定理が、面白く読めることに尽きる。

この定理は人類史上、類を見ない超難問だが、小学生の子どもにさえも理解できるように話すことはできる。それほどまでに単純明快ながら、３００年以上もの間、解決されなかった。

こんな事態は、物理学にも化学にも生物学にも前例がないという。

それを見事証明してみせたのが天才、アンドリュー・ワイルズ。本書ではワイルズが成功するまでの人間ドラマも、巧みな筆致で読ませる。

また、実はピタゴラスが「ピタゴラス教団」という新興宗教まがいの数学秘密結社を率いていた胡散臭《うさんくさ》いやつだったとか、面白いサイドストーリーも盛りだくさんだ。

そしてユークリッドやオイラー、ラグランジュ、ガウス、さらにチューリングまで、広く名前を知られている数学者が登場する。まさに、数学の歴史を総動員して読み解く数学史上の超難問、といったところだ。

ちなみに僕が数学を一番真面目に勉強したのは高校3年生の頃。そのときの数学的帰納法などが実際に「フェルマーの最終定理」の証明に使われている。僕も楕円《だえん》方程式くらいまでは少しわかる。でも、モジュラー形式になるともう全然だな……。

続いてサイモン&青木コンビでもう1冊。それが『暗号解読』だ。

これにももちろん数学的な思考が展開されているが、どちらかというと面白い理系読み物といえる。

歴史を通じて多くの人々が、秘密を守るために暗号を使ってきたわけだ。そして暗号の歴史は常に、数学の歴史とともにあったことが知れる1冊。

暗号はSFなどに出てくることでお馴染《なじ》みだが、本作では、実際に歴史上の為政者たちが用いた暗号が、いかに敵や学者によって解読されてきたかという歴史ドラマを展開しながら、様々な暗号の仕組みについて詳説する。

複雑なヴィジュネル暗号、単純であるがゆえに解読が難しいナヴァホ暗号など、暗号の数だけ巧緻《こうち》な仕組みとその解読の物語があり、中には歴史的悲劇すらも描き出すものもある。

レオナルド・ディカプリオ主演の『仮面の男』にも出てきた、フランスの鉄仮面に関する文書なども登場してきて飽きさせない。

さて、この2冊を読んでしまえば、もうどんなサイエンス・ノンフィクションが来ても驚くことはないだろう。だからこそ「最初の1冊」であり、「100冊分の価値がある」といえる。

この2冊の次にオススメするのが、『カラー図解 アメリカ版 大学生物学の教科書』シリーズだ。アメリカのマサチューセッツ工科大学などで実際に使われている教科書『LIFE』の日本語訳だ。

ビジュアル資料が豊富でわかりやすく、まったく退屈させない。このうち僕は「細胞生物学」と「分子遺伝学」を読んだのだけど、何度も教科書であることを忘れて読みふけった。いわゆる「社会人になってもう一度」の理系教養本としては真っ先にこの本をオススメしたい。

こと、「分子遺伝学」に関しては、中学生で習う「メンデルの法則」から染色体はもちろん、DNA、ウイルス、さらには真核生物のゲノム解析まで、最新事情も網羅されているうえ解説がわかりやすい。読んでいると、ビジネスチャンスがいたる所にあるのがわかる。ありすぎて困るくらいである。

そのうち、いくつかは確実に実現されると僕はわかっている。そしてその中のいくつかには、僕がやりたいことも入っている。「細胞生物学」を読んだのも実はそのためだ。

科学を知ることで、次のビジネスチャンスがどこにあるか、さらには次の時代の転換点まであとどれくらいかが具体的に見える。科学の知識は、まさに世の中を見通す千里眼になるのである。

第2部

【堀江貴文×成毛眞・対談】

「どうやって僕らは本を探し、読むのか?」

獄中で1000冊の本を読破してきた堀江貴文。
ノンフィクション本の“ソムリエ”として
書評サイトHONZを運営する成毛眞。
この2人が“読書”というキーワードを端緒に、
「本の読み方」「本の探し方」「電子書籍の未来」etc……
について自由に語る。

▼〝本好き〟が居ないところに〝いい本の情報〟がある？

成毛眞（以下、成毛） この本のブックリストを見てると、ＨＯＮＺのメンバーが知らなかった本を、堀江さんがかなり読んでいる。たくさんレビュアーがいるもんだから、大抵の本は網羅しているはずなんだけど、堀江さんの選ぶ本が、どうしたわけかＨＯＮＺの捜査線上に浮上しなくて……まあ、ゆゆしき事態ではありますよ（笑）。いつもどうやって本を選んでるんです？

※ＨＯＮＺ：読むに値する「おすすめ本」を紹介する書評サイト。厳選された個性あふれる読み手が、何冊もの本を読み、そのなかから1冊を選び出して紹介する。サイエンス、歴史、社会、経済、医学、教育、美術、ビジネスなど、小説を除くあらゆる分野の著作を対象とし、ほぼ毎日更新。代表は、元マイクロソフト日本法人社長、現インスパイア・ファウンダーの成毛眞氏。

堀江貴文（以下、堀江） 自分で選んでますね。いろんな雑誌とか新聞とかの記事を、ちょっとずつピックアップして。それこそ成毛さんのブログとか、ＨＯＮＺとか、そういうのを勝手に見て、勝手に買ってたものですよ？　ＨＯＮＺとカブってない本もけっこうあったんですね。

成毛　かなりあります。それで、うちの連中が悔しがっていて（笑）。20人で、しかもプロでやってんのに、「何でなんだろう？」って。「まいったね」と。たとえば『超闘死刑囚伝―孫斗八の生涯』（Ｐ109）とかさ、どうやって引っかけるの？

堀江　何だろうなあ。この本は評論家の佐高信《さたかまこと》さんプロデュースですよ。

成毛　佐高さんの本を読んでるうちに見つけたとか？

堀江　佐高さんの著書ではないと思います。どこで見つけたんだろう？　確かによくこんなに面白いの、引っかかりましたよね。

成毛　それを引っかける経緯を知りたいな。

堀江　いずれにしろ、僕の場合はマッシュアップ的ですよ。とにかくいろんな媒体を見て、セレクトしています。ＨＯＮＺからも探しているし、当然、雑誌の書評欄とかも必ず見てます。

成毛　ＨＯＮＺやったり、書評本書いたりしてると、読者からの質問のかなり多くは「どうやって本を見つけてるんですか？」だったりするのね。だから本の見つけ方のノウハウには、やはりかなり価値があるのかと。

堀江　まあ、キュレーションの時代ですからね。でも、そのあたりはキュレーターとしての経験値と土地勘が重要なんでしょうから、方法論として言えるものではないと思います。

それでも、読んでいる雑誌の書評欄は全部チェックしてますね。マニアックな雑誌というか、書評があまりないような雑誌、たとえば『日経ビジネス』の書評とかに、けっこう掘り出しものがあるんですよ。

成毛　なるほどねえ……。

堀江　本好きが読むような雑誌とかには、何かもう、それこそ「本好きが読みそうな本」しか出てこないんですよ。

成毛　わかるなあ……。だって、そういう雑誌の書評欄なんか、今週はこれとこれが載ってるだろうなって、開く前からなんとなくわかる（笑）。HONZの連中と、「今週号は何が載ってると思う？」って当ててみたことがあって、「えっと、あれとあれと……あれだと思う。2カ月分でしょ？」なんて言い合って、いざ開いたら、半分は当たったもんね（笑）。

読者のニーズに正確ではあるんだろうけど、予定調和的というか。まあ、それが読者にも求められているんだろうけどさ。

堀江　そう。サプライズがないというか……。そういうのは、実はあんまり興味がなくて。例えば『週刊アスキー』の書評とか、けっこういいですよ。

成毛　なるほど、『週アス』のね。

堀江　けっこう買いたくなるんですよ。それは、僕の趣味趣向ももちろんあるんでしょうけど。あと『ナショナルジオグラフィック』とか。いいですよ。

成毛　新聞の書評なら、どこのが好きで、よくチェックしているとか、ありました？

堀江　いやいや、たとえば刑務所の中は「朝日」と「読売」しか読めないんですよ。東京拘置所は、一般紙とスポーツ紙を1紙ずつ取れる。一般紙で取れるのが「朝日」「読売」「日経」だと思うんです。長野刑務所に行くと、「日経」は取れなくなる。だから長野刑務所では、僕は「朝日」を選んでました。「日経」は東京拘置所では読めますけど、長野は田舎なんで、ないんです。選《え》り好みできないですよ。

成毛　あ、そうなんだ。府中《ふちゅう》だったら読めるとか（笑）？

堀江　府中でなら読めるかもしれないです。

でも、本に関しては、そもそもそんなに情報量がたくさんないじゃないですか。新聞の広告と書評、雑誌の書評、ブログ、メルマガとかの書評コーナーから取って来ても、せいぜい目に付くのって、週に1000もないですよね。たぶん200〜300くらいでしょ、データベースになるのは。ダブってくるのもあるし。

で、そこから5〜10冊くらい選ぶ感じですよね。漫画だったら、『このマンガがすごい！』とかが出ると、その中から20〜30冊バーッと選んだりします。あ、『ダ・ヴィンチ』は、刑務所には敢《あ》えて入れなかったです。入れてしまうと、情報量がかなり増えるので、選ぶのが大変になってしまう……便利なんですけどね。

HONZはいいですよ。あちこちのブログで探してたのが、HONZみたいな感じでまとめられていると、そりゃあHONZ行って探しますよね。だからやっぱり僕はキュレーションの時代だと思っていて。HONZにはこれからどんどん、ツイッターとかからも流入するでしょうね。

成毛 ねえ。

堀江 これから相当流入すると思いますよ。電子書籍になれば、より一層そうなると思う。HONZについて敢えて言うなら、キュレーターをもっと絞ってほしいなということくらいですかね。

▼僕たちの「面白い本」

堀江　『ロシア宇宙開発史―気球からヴォストークまで』（冨田信之）は読まれました？

成毛　すごく分厚い本ですけど。

堀江　あ、それ、面白そう！

成毛　これはＨＯＮＺのアンテナには引っかかりそうで引っかからない本ですよね。僕としては、宇宙開発の参考になるドキュメンタリーですから必読本です。やっぱ宇宙開発はロシアとアメリカから追っていかないといけないんですよね……。

堀江　でもこれ、書いたのは日本人ですよね？

成毛　そうですね。ロシアの宇宙開発史って、本当に面白いんですよ。ドイツの宇宙開発をやってた連中から、技術をコピるんですけど、そのプロセスが面白くて。

ロシアのコロリョフとか、グルシュコという、エンジンとかロケット開発ではわりと能力の高い人に、ドイツの下っ端から技術を吸収させて、２年ぐらいで帰国させる。現物をコピーするとこから始めて、技術を吸収したら、ポイっていう（笑）。
だから、結局ソユーズって、ほとんどドイツのＶ２ロケットから、変わってないんですよね。ロシアは完全にＶ２ロケットの延長線上の設計思想と技術で、今でもソユーズを飛ばしてるんですよ。
やっぱり最初にロケットをつくった人たちって、すごいんだなと。基本設計ってすごいなというのをこの本を読んで改めて感じたところです。スペースＸ（ロケットの開発や打ち上げなど宇宙輸送を業務とするアメリカの企業）もそうですよ。スペースＸの源流は、アポロ計画の月着陸船イーグルのエンジンなんですよね。

成毛　なるほど。めちゃくちゃ面白そうだな……。ちなみにロシアのミサイルはどうですか？　やっぱり同じ流れ？

堀江　もう完全に同じ流れです。

成毛　そうすると、今北朝鮮が持っているミサイルも、みんな一緒になると？

堀江　北朝鮮のやつは、もともとはスカッドでしょ？

成毛　いや、スカッドは、ノドンまででしょう。今のは射程３０００キロぐらいのでしょ。

堀江　でも、おそらくその延長線上の技術でしょ、あれは。ただ、相当改良してますよね。あの国って、けっこう技術力すごいですからね。ある意味。

成毛　ほんと。技術力に関して、北朝鮮をあまりナメないほうがいいですよね。ミサイルを打ち上げる能力は、間違いなく韓国より上でしょう。

　北朝鮮は今、ＥＭＰ爆弾を作っているという情報もあるんです。ＥＭＰってのは電磁パルスのことで。この爆弾は、高高度の上空で核爆発を起こしてガンマ線を大量に発生させて、成層圏でコンプトン効果を発現、電磁パルスを発生させるわけです。それでどうなるかというと、まず人はまったく傷つけない。でもその直下にある電子機器にはサージ（高電圧）を発生させ、異常を与えることが目的の爆弾なんです。

　なんだ、と安心しちゃうんですけど、その効果範囲はなんと半径４００キロ。コンピュータも通信網も金融システムも全滅して、３年間は元に戻らない規模のダメージなんです。つまり、日本が標的になれば3年もの間、文明開化以前の状態に戻るわけで。

　こうなると人は死ななくても、日本は終わる。あっさりと。非常に恐ろしい爆弾ですよ。歴史が証明するように、戦争で負ける時は、相手をナメてかかった時ですよ。北朝鮮の技術力は日本を破滅させるレベルにあることをもっと認識すべきだと思うんですよって、何の話をしてたんだっけ？（笑）

堀江　（笑）今さらですけど、逆にＨＯＮＺはどうやって書評する本を選んでるんですか？

成毛　ちょうど今の会話と同じような感じでやります。月２回、朝７時から始まる「朝会」を開いて、レビュアーがそれぞれオススメ本を持ち寄って、書評する獲物を披露する、いわば〝品評会〟みたいなものをやるんです。一人ひとりプレゼンしていって、いろいろ話す。朝から大の大人が本を持ち寄って大笑い。楽しいですよ。それに、セレクトがカブるたびに面白いんです。「やっぱそれだよね！」と（笑）。

自分の好きなもので共鳴できるのって、楽しいんです。知的好奇心の交換というか。それで、「オススメ本しか絶対に紹介しない」ということと、「レビュアーの顔を出してやっていく」ということを活動の指針にしています。

堀江　そうなんでしょうね。そうやって、ちゃんとキュレーションできる人を集めて機能しているところが、ＨＯＮＺのすごいところですよね。あ、ＨＯＮＺ経由の本では『理系の子』（P36）は面白かったですよ。

成毛　ちょっと人気に火を点《つ》け過ぎちゃったんですよね。

堀江　どうなったんですか。火点け過ぎて？

成毛　実は『ノンフィクションはこれを読め！』という本を出したときに、「昨年1年間で書かれた書評のナンバーワン」に挙げたのが『理系の子』だったんです。でも、これは「書評として面白く書けた本」であって、「面白い本ナンバーワン」という意味ではないわけです。誤解されて火が点いちゃったんだよね。さらに、結果的にそれで本自体が売れちゃったんで、「ああ、失敗失敗」なんて言ってるんですよ。いや、売れたこと自体は喜ばしいし、うれしいことなんですけど。

堀江　なるほど、そういう失敗現象が（笑）。

成毛　なので、次回の『ノンフィクションはこれを読め！』では、今度こそ「面白い本ナンバーワン」を選ぼうと思っています。

堀江　でも、実際に面白かったですよ、これ。

成毛　面白かったですか。

堀江　はい。でも、こういうすごい人たちがいる学生フェアの中で、日本の学生ってどうなんですかね。日本代表も出てきますけど、何かあんまり……。

成毛　ねぇ……。

堀江　微妙かな。というかパッとしない。

成毛　一方のアメリカでは、核融合の研究をしてる子どもがいたりとかね（笑）。あんなのアメリカでしか考えられないもので。信じがたいことだよね。でも、そのスポンサーがインテルだったりするわけだよね。不思議な話。

堀江　そういえば、『「反原発」の不都合な真実』（P64）は読まれました？

成毛　原発ものは、あまり読んでないんです。興味がなくて。

堀江　原発については、まったく不安がないってことですか？

成毛　もちろん、あの地震と、関連する原発事故の被害や放射性物質については正しく認識しているんですが、それに対して、安全な東京にいる自分は、何をどう思えばいいのかよくわからないんです。

すごい数の死者が出たことも、大規模災害であることも、もちろん認識していま す。でも一方、日本では毎年3万人も自殺しているわけで、東京でJRに乗ったらしょっちゅう人身事故に遭遇する。そっちの問題のほうがむしろ自分には近い現象で、対処しなければならないものである気がする。そんな風に思っているんです。

堀江　僕は手持ちの「ネタ」としてストックしておきたいから、結局読むんですよね。読んでおかないと、文句言いたいときに言えないから。Ａｎｄｒｏｉｄも同じで、文句を言うために使ってるみたいなもので。

成毛　僕は興味ないものは読まないですね。『ヤクザと原発―福島第一潜入記』（鈴木智彦）は読みましたけど。あれは原発というより、そもそも鈴木智彦というヤクザ専門ライターが面白いわけで。

堀江　ほんと、こんな最悪なマシンはねえだろ、みたいな。２年経ったけど、結局何の進化もしてませんね。ほんと、どうなんですかねＡｎｄｒｏｉｄ。

というわけで、Ａｎｄｒｏｉｄは、使えないので僕は捨てました。

▼理系脳の読書と、文系脳の読書

成毛　僕の場合、『面白い本』の冒頭にも書いたけど、まずこの世で最初に面白いなと思った本は『水滸伝《すいこでん》』なんです。そこから百科事典にハマって、ただただ文字を追うのが好きになって、大人に近づくにつれて、ノンフィクションが面白い本になった。

理由や意味を求めずに、ただただ道楽として楽しめる読書がいいわけです。堀江さんにとっての、本の面白さの基準って何なんです？

堀江 僕は何ですかね……。さくっと読めるのが好きですね。無駄がないというか。小説とかでも、複雑な風景描写は読むのも好きじゃないし、要らないと思うので。

成毛 ストーリーテラーのほうが好きだと。

堀江 ですね。小説では、やっぱりプロットがしっかりしているものがいいですね。ノンフィクションでいうと、やっぱり自分が関わっているテーマのものは、面白いですよね。『ロケットボーイズ』（P53）とか『バイオパンク』（P47）だとか。

成毛 理系脳なんだよね。僕と同じで。

堀江 そうですね。

成毛 悲しいぐらいに（笑）。

堀江 はい（笑）。

成毛　反対に、悲しいくらいに文系な人って、ストーリーはどうでもよくて、描写さえ美しければいいって人がいるもんね。極論すると、短歌・俳句とか、詩とか。こういうのを好む人たちのことは、理解できないよね、僕の場合。

堀江　うん。僕も理解できないですね。そっち方面は。

成毛　逆に、極文系の人たちがサイエンスの本を読むと、また全然理解できないもので。事実を書いているにもかかわらず、理解できない。文系の人って不思議だよね。

堀江　そうですね。不思議ですね。そういう人たちが政治をやったり、言論をやったりしていると、本当にお話にならないというか。本当に困っちゃいますよ。

成毛　そうそう。僕ら理系人間からすると、本当に困る。大丈夫なんだろうか？　と思うんだけど、向こうは向こうで、理系人間のことを、サイエンスのことしか知らない、文脈を読めない人だと思っているんだ、きっと（笑）。

堀江　（笑）

成毛　だけど今、間違いなく必要なのは理系、つまりサイエンスだよね。というより、今だけじゃなくて、何百年も人間はサイエンスがあって初めて文明を前進させて、それが経済を作ったことで結果的に余剰を生み、余剰があって生まれたので文化なわけで。文系による文学は、いちばん最後に出てくる、言ってみれば余剰物ですよね。

歴史を見ても、逆は起こってない。つまり、ギリシャ悲劇から何かを学んで、結果的に農作物が多く収穫できた、なんてことは起こらない。ギリシャやエジプトで、農業技術というサイエンスが生まれて、天文学が発達して、洪水がコントロールできるようになったことで、農作物がメソポタミアなどの他の地域よりも遥《はる》かに多く生産できるようになった。その結果として、ギリシャ悲劇などの文学が生まれてくるわけでしょう。

歴史を見ても、本来はすべてサイエンスが中心だとわかる。だから、サイエンスがわからない人が為政者になるのは、本当に怖いことで。

堀江　怖いんですよ。

成毛　ただこればっかりは、大学の学部が文理のどっちだったかというようなことなどではなく、ずっと以前（生まれたとき）に決まっているようにも思う。突然僕が、短歌を読みながらハラハラと涙を流すことは、絶対にないしさ。

ちなみに、堀江さんが初めに理系モノの本と出会ったのはいつで、どんな本だったんです？

堀江　小学校の頃とかは、実はあまり本を読んだりしていなくて。アニメばかり見てたような子どもでしたよ。本じゃないですけど、『王立宇宙軍 オネアミスの翼』は、ものすごくちゃんと作り込んであって、印象に残っています。SFですね。

スタッフの人たちが、みんなオタクで、おそらく理系脳なんだと思います。例えばロケットの打ち上げのシーンなんて、専門家から見ても、ものすごく正確で。正直、『アポロ13』作った人たちとか、もっと〝オネアミス〟こそを見ておくべきだったね、なんて思えるわけですよ。それくらいレベルが高い。

フィクションにもかかわらず、相当資料を読みこんだんでしょうね。たぶんロシアのソユーズとか、ヴォストークとかをモデルにしたと思うんですけれど、すごい完成度です。

あと、中高生の頃は、月なみに科学雑誌の『科学朝日』を毎号買ってました。植木不等式《ふとうしき》さんの連載が好きでしたね。

成毛　僕も小学校2年生から科学雑誌を買っていました。今でも買ってるな……。

堀江　『科学朝日』の後に『WIRED』にハマりましたね。そして、「Hotwir

ｅｄ Ｊａｐａｎ」は、うちの会社で運営したりもしてましたよ。このあたりはＩＴ、バイオ、そしてテクノロジーど真ん中で、僕が好きなところが全部入ってきますからね。

あとは、考古学にも興味があるので『ナショナルジオグラフィック』なんかも好きです。

成毛　見事なまでに文系をスルーしてきた読書歴ですね（笑）。

堀江　でも、今はもう雑誌も読まなくなりました。さらにはウェブでも、ツイッターとかからリンクされていない記事は読む時間がないというか。

目次をめくる動作も、「何だ、この意味のない作業は⁉」という感覚で。というか、スマホ使ってると、電子書籍なんかを読む時間がないですよ。でも、Ｋｉｎｄｌｅ Ｐａｐｅｒｗｈｉｔｅはよくできていると思います。僕は漫画しか読んでないけど、ｉＰａｄとか、Ｋｉｎｄｌｅ Ｆｉｒｅとかと違って、電子書籍しか読めないからいい。ウェブブラウジングができちゃうと、すぐウェブマガジンに飛んでしまったりするから。

ウェブマガジンは読むんですよ。でも、それももう、Ｇｕｎｏｓｙとかでキュレーションされた記事しか読まなくなりつつある。Ｇｕｎｏｓｙは毎日チェックしています。

※Ｇｕｎｏｓｙ（グノシー）：ツイッターアカウントやＦａｃｅｂｏｏｋアカウント、はてなアカウントからユーザーの興味を分析し、興味にあったニュース・記事を推薦するスマートなパーソナルマガジン。ＰＣでの閲覧はもちろん、ｉＯＳ、Ａｎｄｒｏｉｄ版アプリをリリースしている。

成毛　Ｇｕｎｏｓｙ、どうです？　最近。

堀江　いいですよ。今、相当伸びているらしくて。だから今年中に１００万ユーザー行くんじゃないですか？　年率15万ぐらいでしょう、すごい伸びてますよ。

成毛　僕はＡｎｔｅｎｎａに注目してますね。結局こっちの行動を読んで、リコメンデーションするニュースエンジンだから、ビジュアルに訴えかけるっていうやり方が斬新な気がしていて。

※Ａｎｔｅｎｎａ（アンテナ）：検索エンジンでもポータルサイトでも出会えなかった、自分好みの情

報を次々にキュレーションできる〝スマートフォトマガジン〟。出版社等のメディアから、ファッション、グルメ、アート、映画、デザイン、音楽、旅行、家電、携帯、クルマ、などのジャンルから、嗜好を選択することで、自分に必要な情報だけが無料配信される。雑誌のページをめくっているような直感的なインターフェースが特徴。

堀江　ビジュアルドリブンですよね。僕も今グルメサイトを作ってますけど、サイト自体は写真と一言コメントだけにして、詳細情報を知りたければクリックして外部サイトに飛んでしまう、みたいな感じにしようと思っていて。

成毛　僕は1年もしないうちに、HONZのコンテンツは半分ぐらい動画にしたいと思ってます。動画入れないと、もう食えなくなると確信を持っていて。

堀江　間違いないですね。僕もそう思います。

成毛　なので、そのグルメサイトも、写真撮っておきながら、絶対に動画も撮っておくべきだと思うね。たとえば、〝店に近づいていって、暖簾《のれん》を上げる〟程度の動画でもよくて。

堀江　そういえば、動画で見られるレシピサイトをやろうと思っています。「有名店のまかない飯」の3分クッキング的なものを考えています。本当は1分ぐらいにまとまったほうがいいんですけどね。

成毛　それは便利だね。僕はけっこう料理もするので、自分の料理プロセスに合わせて、素早くフリックとかで早送り・巻き戻しができていくと便利だなと思うね。チャプターマークをうまく作ってあげて、アプリを作りこんだらいいだろうね。

堀江　ということですよね。やっぱり完全にスマホシフトですよね。今。

成毛　スマホ以外考えても何の意味もない。

堀江　ほんと、ＰＣはおまけですよね。

成毛　全然。８インチのタブレットも全然おまけ。スマホだけだと思う。

堀江　僕もそうだと思いますね。

▼「読まれないから、売れない」電子書籍のパラドクス

堀江　これは、読まれましたか？『外資系金融の終わり』（Ｐ73）。藤沢数希さんです。

成毛　読んでないですね。

堀江　藤沢さんは海外の大学院で理論物理学、コンピューター・シミュレーションの分野で博士号を取り、帰国してからは、東京のとある外資系投資銀行に就職した人なんですが、この人は今、とにかくメルマガがすごい勢いで伸びています。僕の次に読者が多いんですよ。「恋愛工学」っていうのをテーマにしてるんですが、めちゃくちゃ面白いんです。

とにかく読者からの質問が、ものすごく生々しい。例えば「今、会社の同僚の30代女性、バツイチの女の子を口説こうと思ってます」みたいなものから「今、1回目のデートが終わりました。でも、セックスには持ち込めませんでした。次はどうすればいいですか？」といったものまで、とにかく生々しくてリアルなんです。

で、それに対するアドバイスを、いちいちレバレッジとか、スタティスティカル・アービトラージとかの金融用語を使って答えていくところが、このメルマガのポイントです。女の子を連れて行くレストランの紹介も、完全にコストパフォーマンスと、成功確率みたいなものから導き出してやってのけるんです。

成毛　へえ、面白そう。

堀江　出版のこれからって、メールマガジンの将来と重なるのかなって思ってます。たぶん今の有料メールマガジンの市場って、10億から20億ぐらいの市場なんですよ。これが100億、200億、さらに1000億規模になれば、出版に影響を与えられる規模になるわけです。

それで、少し話変わっちゃうんですけど、活字本の電子書籍を読むために、なんでKindleとかを使うんですか？

成毛「結局、Kindleだね」ってなっているところが、すごいわけで（笑）。

堀江　まあ特定化端末であるとして、なんでEPUBとかで読むんですか？　普通にテキストファイルで読んだほうが、楽ちんじゃないですか。ソフトも重くないし。

成毛　なるほど、なるほど、そういう意味ね。確かにね。

堀江　だから僕、LINEとかでメルマガを配信するようにしたほうが、すごくいいと思うんですよ。ってもう、言ってますけどね、LINEのほうには。

要は、どうして文字コンテンツをなんでも〝電子書籍〟っていうパッケージにする必要があるのか、という話なんですよ。そういうのを自分でも出しときながら言うのは変ですけど（笑）、読みにくいじゃないですか。

メールマガジンのほうが楽でいいですよ。プラットフォームも選ばないし。ましてや、Ｋｉｎｄｌｅみたいな端末をわざわざ別で持ち歩くのは、相当本が好きな人だけだろうなって思います。だから結局、電子書籍は盛り上がらないんです。

成毛　それは僕も賛同だな。結局、電子書籍って、本を読む人しか読まないんじゃないの？　と思うわけよ。よって、まず前提として、本好きの人以外は電子書籍は買わないということになる。

で、当の本好きの人たちはというと、僕の周り見ていても、けっこうな確率で紙の本を買うもので（笑）。ここにパラドクスが発生しているわけだ。だから電子書籍は、そもそも本好きじゃない人に対して商売をできる形を模索しないと、無理でしょうね。

堀江　僕はだから、メルマガリーダーとかを本当は最優先で作らなきゃいけないんだよな……。一部だけど『サイゾー』はやっていますよね。（アプリを見せながら）これ、これはわりといいと思いますけど。速見ができる。

これから電子書籍って、どんなふうになるんでしょうね？

成毛　可能性としては、小説はひょっとすると全部電子書籍に代わってもおかしくないかもしれない、とは思う。とりわけ、時代小説とか推理小説については、電子化することで売り方が変わる気がしていて。たとえば推理小説、全体の8割はタダで読んでもらっていいんじゃないの？　と思うわけ（笑）。

堀江　8割も。たしかに僕の小説『拝金』でも、そういうの一時期やってましたね。

成毛　だって推理小説は犯人がわかるところが面白いわけで、それなしでは完結しないでしょ？　だから8割はタダで読ませても、面白かったら残りのラスト2割を読むために読者は買ってくれる。そうした意味で、売り方が変わるし、そこに何かチャンスがある気もする。

ノンフィクション系は、そういう売り方をするにはちょっと無理がある。読んでいるうちに、前のページと後のページを行ったり来たりしなければならなかったりするし。さらに言えば、どの項目からでも読めるものもあるし。

そういうタイプの本は、電子書籍版を作っても、売り方がそう変わるわけではなく、いわば、電子デバイスで読めるという付加価値しかつかないのかもしれない。

堀江　なるほど、そういう考え方もできるんですね。

成毛　人によって面白い、面白くないはあるかもしれないけどね。でも、そろそろ紙の上に印刷されているものを、単純にベタッとスマホに張り付けただけで「電子書籍だ」と言うのはやめろって思いますね。

全然違う売り方と、「え？　これも本なの？」と言わしめるような、全然違うフォーマットがあっていいんじゃないかと。

▼キュレーションなきレビューサイトは絶滅する

堀江　HONZはソーシャルリーディングの方向には行かないんですか？　最近はアマゾンも「グッドリーズ」という、読書愛好者向けのソーシャル・ネットワーキング・サービス（SNS）を運営する企業を買収しましたけど。

成毛　興味ないですね。やりたくないです。

堀江　それは、どうしてなんですか？

成毛　だって、つまんないんだもん、下手な素人の書評。

堀江　きちんとキュレーションされていない、素人の書評のクオリティが低いから、嫌だってことですよね。つまり、食べログみたいになっちゃうということですよね。

成毛　うん。そうそう。

堀江　だから、僕、ちょっと話変わっちゃうんですけど、ちゃんとしたグルメ向けの食べログみたいな、もっとキュレーションされたお店紹介サイトを作りたいなと思ってるんです。どうですかね？

グルメな豪華メンバーが、それぞれキュレーションしたお店を100軒ずつ紹介するんです。メンバーもすごいですよ。まず秋元康さん、そして今井浩司さんという、「今井屋」という焼き鳥屋さんをやっていた人で、NYのモダン・ジャパニーズ・キュイジーヌの「MEGU」をオープンした人なんかも入ってきています。成毛さんに紹介してもらった、『東京いい店うまい店』編集長の柏原光太郎さんの人脈で、またすごい人たちが集まってます。

サイトは、Pinterest（ピンタレスト）みたいな感じの、写真と一言コメントという感じにできればと思っていますね。グルメは「ハズさない人」を知っていればいいわけですよ。その人に聞いて、行けばいい。そっちのほうが確度が高いんだから。

成毛　今、そうしたきちんとしたキュレーションをやってるところはほとんどない。

堀江　やっぱり**ランキングはキュレーションとしては作用しない。**それを立証してるのが食べログのくだらないレビューと星ですよ。

成毛　「食べログ見て来ました」って言うと、お店の人はたいてい機嫌を悪くするというね（笑）。

堀江　たとえば先日、「井雪《いゆき》」というお店に行ったんです。そこは「京味《きょうあじ》」で修業していた人がやっている、会員制の高級な和食屋さんなんですけど、これを食べログで見ると、評価が3・10。低いわけです。

料理も一流だし、一体何なんだ？　と思ってレビューを見ると「料理以外の総合的なホスピタリティ（日本料理を提供する場合としての部屋、インテリア、器、おもてなし）を考えるとコストパフォーマンスが悪い」なんて書いてあるわけです。

この人、何を見て言ってるのかがよくわからないんです。明らかにちゃんとしてるんですよ。インテリアも、器もちゃんとしてるし、おもてなしも立派ですよ。それ以上に、一体何を期待してんの？　と思うんです。理解不能ですよ、本当に。

「中盤から味が単調だったかな!?　お造りも無かったしそれにねぇ、かなりお高い！」とか言ってる人もいて、こういうお店に行っておいて、なぜか値段が気になっちゃうんですよね。わけがわからないですよ。食べログのランキングほど、役に立たないものはないと僕は思います。

成毛 わかるなあ。HONZを利用して本を読む人たちのほとんどは、「アマゾンのレビューが参考にならなさすぎる」って言ってて。そもそも本の「星」の意味がわからないと。

堀江 わからないですよね！ アマゾンのレビューなんてもう、本当にわからないですよ。僕が出した本でも、星1のひどいレビューがあったりして、明らかに読んでない人が書いてるんです。1冊も読んでない人がレビューだけ書いて、しかもけなしてるって、もう最低ですよね。

成毛 「この本の表紙が黄色なのが気に食わないから星1にしました」とか、もう全然意味がわかんなくなってきてる（笑）。

ほとんど茶番機能という意味合いのほうが強くなってきているし、もうあの類のレビューシステムは、全滅していくでしょう。そうなるとキュレーションが必要になってくる。たとえキュレーションの質がそんなに良くなかったとしても、〝バカの星1

つ〟よりまともでさえあれば、ユーザーとしてはそっちに移行する価値がある。それもあってHONZは、ソーシャルリーディングに行きたくないんですよ。

堀江 なるほど、なるほど。でも、それ正しいかもしれないですね。

成毛 今は、キャラの立ったレビュアーをできるだけつくろうとしています。HONZを見に来るというよりも、たとえばHONZの中の村上浩だけを見る人とかが出てきたら、楽しいなと思うわけですよ。

▼〝選べない〟時代の〝売れる〟サイトの形

堀江 書評を広めていくという面で、HONZをもっと大きいサイトとかにはしないのですか?

成毛 もともとは、もっと規模が大きいものにするつもりだったんです。企画段階では、大手出版社と組んでやるものだった。その出版社は、著名人や高名な作家にもネットワークがあるので、それこそ大きなものにできると……。でも、それは自分のやりたい形と違っていた。なので、わざと小さく始めて、レビュアーを素人にしたわけ。

堀江　素人のほうが、おもしろいですよ。

成毛　もちろんプロは文章が〝巧《うま》い〞からプロなんだけど、素人の〝上手い〞文章には、プロには出せない良さがある。それが素人書評の価値ですよね。

堀江　最近、みんな自分でブログとか書いてますからね。

成毛　HONZで一番上手いなと思うのは、鰐部《わにべ》くん。彼は中学校のときから暴走族をやっていて、高校中退して、それで今は名古屋の部品工場でプレスやってるっていう、ちょっとすごい人で。この人の文章は圧倒的に上手い。その文章を読んで、大手出版社の編集者が、「コンタクト先、教えてください」って言うから、「どうしたの？」って聞いたら「小説書いてもらおうと思っています」とか言い出す始末で(笑)。

鰐部君は、僕が彼のブログ読んでいて、直接コンタクトして加わってもらった。HONZはそういった〝一本釣り〞で選んだメンバーが多いですよ。

堀江　報酬とかは、みんなもらわずに書いてるんですか。

成毛　今は、アフィリエイトを個人で勝手に取っていいということにしてますね。ページビューが今、月間50万くらいなんですよ。広告収入で年間売上を考えたとき、やっぱり月間100万ページビューいかないと、かなり厳しくて。なので、バナーとかの広告収入は、今はプールしている状態になってます。

堀江　いや、行くんじゃないですか、100万。

成毛　順調に伸びてるんで、視野には入っていますね。そうなったら、報酬も分配できる仕組みができるので、また次の段階に行くでしょうね。

ちなみに、アマゾンは去年の12月にHONZにリンクを張ったんですけど、これはアマゾン設立以来、初めての外部サイトリンクだったんです。アメリカを含めての初だったそうで。そして、もちろんノンフィクションサイトの中だけなんだけど、一部のアマゾンの商品をクリックしたら、HONZに飛ぶという仕掛けを仕込んだ。アマゾンが戦略的にHONZを販促に使ったんです。

アマゾンの仕入れ部門とも話してたんですけど、そもそも日本だけでも年間7万点の本が出てるから、そのうちのどれが面白いかなんて、もはや誰もわからない。アマゾンから調べようたって、調べる方法もない。そうなると、そこで「これが面白いよ」と言ってくれて、かつ当たる書評サイトが頼りになる。

だったら、もう信頼できる書評サイトから、ワンクリックで買えるというのが自然な流れだよね。いちいちアマゾンのサイトをランディングページ（広告をクリックすると最初に表示されるページ）にしなくても、ＨＯＮＺのサイトを見て、買って、そのまま届くというのがユーザーからしたら一番いい。

つまり、今アフィリエイトのリンクやバナーを貼ってあるところで、そのまま決済に進めるようになるといいわけです。じゃあ、アマゾンはどうなるの？　というと、アカウント管理とフルフィルメント（受注管理）と決済をやればいい。

10年後ぐらいには、アマゾンのサイトはもちろん生きているだろうけど、アマゾンの売上のうちの50％以上は、こういった外部サイトに依存していくと考えられる。本以外は間違いなくそうなるんじゃないかとすら思う。

堀江　実際、全盛期は僕のブログなんて相当の売り上げでしたからね。アフィリエイトだけで、月50万、１００万という世界でしたから。

成毛　きっと外部サイト・ワンクリック購入になりますよ、そのうち。なので、書評サイトや物販紹介サイトに、権力が移動するかもしれない。

堀江 なるほど、アマゾンのサイト自体からそっちに。

成毛 うん。アマゾンはフルフィルメントと決済さえ持っていれば、それだけで唯一の存在になれるから。そうなると、現在の物販サイトの勢力図が入れ替わることも起こってくるだろうね。

また、HONZ自体の規模を大きくするという点では、カテゴリー分けをしていこうと考えています。例えばレビュアーの東えりかは、今、時代小説HONZをつくろうとしているんです。そして時代小説でも、まずは女流作家だけをやろうと。

そうしたとき、入り口をひとつにしてしまうと、時代小説を読んでいる人と、ノンフィクションを読んでいる人が同時に流れ込んでしまうし、見せ方の問題が難しくなってしまうんです。医学の本の次に、山本一力《いちりき》が出てくると、「一体何だ？」ってなるでしょう？（笑）

堀江 でも、ノンフィクション書評サイトっていう定義なんですよね？

成毛 もちろん。だから、今は2つに分けてるんですよ。ノンフィクション書評サイトの「HONZ」と、ビジネス本の書評サイトの「ビジネスHONZ」という2つに、事実上分かれています。今はまだ、エントリーは1個だけなんだけど。それをもう少し続けてみて、最適な形を模索したいと思う。

堀江　いずれにしろ、ちゃんとしたキュレーションができる人たちがいること自体が、そういう意味では貴重ですよね。やっぱりランキング上位だからって、いい本かどうかっていうのはまた別の話ですから。

堀江貴文の「刑務所ブックリスト」

※本書のなかで紹介した、おもな書籍のリストです。
※本リストの内容は２０１３年７月現在の情報です。

『新装版 こんな僕でも社長になれた』（家入一真、イースト・プレス）
ロリポップ！やブクログなど革新的サービスを生んだ起業家・家入一真が、「誰にも打ち明けられなかった」という、ひきこもりで内気な過去を綴る。

『カレチ』（池田邦彦、講談社）
乗客のために一生懸命な新米カレチ、荻野の成長物語。昭和の鉄道旅行のノスタルジーが読者を包む。（カレチ＝長距離列車に乗務する客扱専務車掌）

『シャーロッキアン！』（池田邦彦、双葉社）

ホームズ物語を事実と捉える熱狂的ファン、「シャーロッキアン」の原田愛里、車路久が『シャーロック・ホームズ物語』の謎に挑む新感覚推理マンガ。

『理系の子』（ジュディ・ダットン、横山啓明訳、文藝春秋）

高校生の科学のオリンピック「インテル国際学生科学フェア」のドキュメント。核融合炉の製作に挑んだ少年など、次世代の科学の才能が集う。

『バイオパンク』（マーカス・ウォールセン、矢野真千子訳、NHK出版）

生物学とテクノロジーの交差点で生まれている、生命科学のイノベーション。そのフロンティアにいる「バイオハッカー」たちの実態を描き出す。

『ロケットボーイズ〈上・下〉』（ホーマー・ヒッカム・ジュニア、武者圭子訳、草思社）

映画「遠い空の向こうに」の原作。NASAの技術者が、ロケットづくりに賭けた少年時代を感動いっぱいに綴る自伝。

『宇宙は〝地球〟であふれている』（井田茂・佐藤文衛・田村元秀・須藤靖 共著、技術評論社）

技術の進歩によって、近年発見が相次ぐ系外惑星。本書は、研究の第一人者が語る系外惑星の発見から実態調査の最新情報までが詰め込まれた1冊。

『放射線医が語る被ばくと発がんの真実』（中川恵一、ベストセラーズ）

東大病院でがん患者の治療に長年携わってきた放射線医が語る、被ばくと発がんリスクの〝本当の話〟。社会問題化した内部被ばくなどの情報が満載。

『「反原発」の不都合な真実』（藤沢数希、新潮社）

話題をさらう「再稼働か、反原発か」。原発廃絶は本当に「正義」なのか？ 日本の命運を決めるエネルギー問題について冷静に論じた1冊。

『A3』（森達也、集英社インターナショナル）

『A』『A2』の作者・森達也が、新しい視点で「オウム事件」の実態から、「日本人」の本質までを鮮やかに描き出す。

『外資系金融の終わり』（藤沢数希、ダイヤモンド社）

複雑すぎて潰せないために注がれる多額の税金。顧客との利益相反のオンパレード……超人気ブロガーがコミカルに、シニカルに語る金融の未来像。

『山賊ダイアリー』（岡本健太郎、講談社）

ウサギの唐揚げ、カモのロースト、カラスの焼き鳥……。山はグルメに満ちていた。現役猟師、兼マンガ家という異色の才能・岡本健太郎による狩猟日誌。

『ニートの歩き方』（ｐｈａ、技術評論社）

最終学歴が京都大学という異色のニートである著者が語る、お金がなくても無理なく楽しく暮らすための生き方と考え方。

『二重らせん』（ジェームス・D・ワトソン、江上不二夫・中村桂子訳、講談社）
生命の鍵を握るDNAの二重らせん構造はいかにして発見されたのか。その舞台裏を、発見者のワトソン自身が鮮やかに綴ったドキュメント。

『ヘルタースケルター』（岡崎京子、祥伝社）
全身整形手術により、完璧な美しさを持つモデル「りりこ」。スターの絶頂を迎え、堕ちてゆく彼女を、気鋭の作家・岡崎京子が丹念に描き出す。

『トラオ　徳田虎雄 不随の病院王』（青木理、小学館）
日本一の病院帝国を築いた徳洲会理事長・徳田虎雄氏は、ALS（筋萎縮性側索硬化症）を患う病院王。彼の全身不随との戦いを克明に描いた本格評伝。

『人間仮免中』（卯月妙子、イースト・プレス）
夫の借金と自殺、自身の病気と自殺未遂、AV女優、顔面崩壊…統合失調症を抱え、壮絶な人生を送ってきた著者が自らの半生を綴る感動作。

『獄窓記』（山本譲司、新潮文庫）

2001年当時、栃木県黒羽刑務所の受刑囚であった山本譲司・元衆院議員の獄中生活、433日を描いた、辛辣な刑務所ルポ。

『ムショ医』（佐藤智美、芳文社）

大学病院の医師・粂川晶が、新しく勤務することになった場所はなんと女子刑務所。塀の中の医療現場のリアルを、鮮やかなタッチで描く。

『超闘《スーパー》死刑囚伝』（丸山友岐子、社会思想社）

「生命を法が奪うのは不条理だ」と告発した死刑囚であり、なんと獄中で死刑廃止闘争を展開した在日朝鮮人・孫斗八の生涯を描いたノンフィクション。

『成りあがり　How to be BIG』（矢沢永吉、角川文庫）

広島から夜汽車に乗って上京した少年。ポケットには僅か5万円。胸には熱く燃える大きな意志。大スター・矢沢永吉の半生を鮮やかに描き出す。

『五体不満足』（乙武洋匡、講談社）

先天性四肢切断という「超個性的な姿」で生まれた乙武洋匡による自伝。今やお茶の間のスターでもある彼の半生は愛と感動と爆笑に満ちていた。

『オトことば。』（乙武洋匡、文藝春秋）

精力的に活動する乙武洋匡のツイッターフォロワーは60万人を超える（２０１３年7月現在）。彼の刺激と感動に満ちたツイートを集めた名言集。

『PLATONIC SEX』（飯島愛、小学館文庫）

家出、援助交際、ＡＶ出演……飯島愛が自らの過去を赤裸々に綴る。１００万部超えのベストセラーを記録した自伝的エッセイ。

『僕の小規模な失敗』（福満しげゆき、青林工芸舎）
恋愛にも学歴にも縁がなく、挙げ句は漫画コンクールでも相手にされない。お先真っ暗なマンガ家志望の主人公を通して描く、長編自伝的マンガ。

『風俗行ったら人生変わったｗｗｗ』（@遼太郎、小学館）
29歳のブサメン童貞男・遼太郎を主人公に描く、デリヘル嬢との純愛ラブストーリー。「2ちゃんねる」で話題となったネット小説の単行本化。

『とんび』（重松清、角川文庫）
28歳のトラック運転手・ヤスさんと、長男アキラの親子物語。悪戦苦闘する父親の喜びと哀しみを描き上げた、重松清渾身の長編小説。

『かくかくしかじか』（東村アキコ、集英社）
漫画家・東村アキコの「少女まんが家を目指していたあの頃」を、泣けて笑えるエピソードで描き出す自伝的コミックエッセイ。

『東京タワー』（リリー・フランキー、新潮文庫）
リリー・フランキー初の長編小説。「ボク」の一番大切な人、オカンとの記憶、そして喪失の悲しみを感動の文体で綴った、自伝的傑作。

『天地明察』（冲方丁、角川書店）
江戸時代、日本独自の太陰暦を作り上げるという一大事業を通し、天文暦学者の渋川春海の生涯を描き出す時代小説。第31回吉川英治文学新人賞受賞。

『JIN―仁―』（村上もとか、集英社）
脳外科医・南方仁はとある手術で頭蓋骨内封入奇形胎児を摘出後、幕末にワープ。現代と幕末が交差しながら医療ドラマが展開する、異色の時代劇。

『青雲の梯 老中と狂歌師』（高任和夫、講談社）
江戸・天明が生んだ異才、老中・田沼意次と狂歌師・大田南畝が抱えた苦悩と葛藤を描く時代劇。企業小説の名手による初の本格歴史時代小説。

『チャンネルはそのまま！』（佐々木倫子、小学館）

謎の採用枠「バカ枠」で入社したらしいと囁かれる女子社員を主人公として描く、北海道のローカルテレビ局のドタバタ劇。

『電波の城』（細野不二彦、小学館）

テレビ局でアナウンサーの頂点を目指す謎の女・天宮詩織が、欲望渦巻くテレビ界を舞台に繰り広げる、なんでもありの女子アナ成り上がり列伝。

『江戸のお金の物語』（鈴木浩三、日本経済新聞出版社）

江戸時代を「お金」から見るとどう見えるのか。使い方から稼ぎ方までを、借金にあえぐ大名・旗本やビジネスに成功した商人の様子とともに描く。

『武士の家計簿』（磯田道史、新潮社）

武家文書である「金沢藩士猪山家文書」に遺されていたのは精巧な「家計簿」。その数字から、武士の貧困と、幕末の実相を鮮明に読み解く。

『リーマン侍　江戸語の世渡り』（野火迅、イラスト・小田扉、扶桑社）

サラリーマンがこぼす不満、実は江戸の侍とそっくり同じ。時代を経て思わぬ合致を見た二者を、江戸語や武士語を交えて語り尽くす。

『日本人がグローバル資本主義を生き抜くための経済学入門』（藤沢数希、ダイヤモンド社）

ユーロ危機、アメリカ国債問題、デフレ経済……日本人が世界で生き残るために必要な経済学のエッセンスを、外資系金融機関で活躍する著者が解説。

『グラゼニ』（原作：森高夕次、作画：アダチケイジ、講談社）

プロ野球は超格差社会だった。現在8年目、中継ぎ投手としてなんとか1軍にいる主人公・凡田夏之介を主人公に展開する、カネにまつわる野球漫画。

『フェルマーの最終定理』（サイモン・シン、青木薫訳、新潮文庫）

数学界最大の難問「フェルマーの最終定理」への挑戦を、天才数学者ワイルズの完全証明と、3世紀に及ぶ数学者たちの苦闘とともに描く。

『暗号解読』（サイモン・シン、青木薫訳、新潮社）

古くから人は暗号を考案してはそれを破ってきた。カエサル暗号から未来の量子暗号に到る暗号の進化史を『フェルマーの最終定理』の著者が描き出す。

『カラー図解 アメリカ版 大学生物学の教科書 第1巻 細胞生物学』（クレイグ・H・ヘラー、ゴードン・H・オーリアンズ、デイヴィッド・M・ヒリス、デイヴィッド・サダヴァ、浅井将・石崎泰樹・丸山敬訳、講談社）

MITをはじめアメリカの大学で広く使われている教科書『LIFE』を翻訳。美しい図や写真が多用される、見て楽しめる世界基準の教科書。

編集協力　森オウジ
写真　永井　浩
装丁　國枝達也

堀江 貴文（ほりえ　たかふみ）
1972年、福岡県生まれ。実業家、ライブドア元代表取締役CEO、液体燃料ロケット開発を行うＳＮＳ株式会社のオーナー。2006年、証券取引法違反の疑いで東京地検特捜部に逮捕され、一審で懲役2年6月の実刑判決。2011年、最高裁が上告を棄却。6月20日に収監され長野刑務所にて服役。2013年3月27日に仮釈放された。著書に『拝金』『君がオヤジになる前に』『刑務所なう。シーズン２』『金持ちになる方法はあるけれど、金持ちになって君はどうするの？』など。

公式メルマガ「堀江貴文のブログでは言えない話」
http://www.mag2.com/m/0001092981.html
メルマガ「堀江貴文 ブログでは言えないチャンネル」
http://ch.nicovideo.jp/horiemon

ネットがつながらなかったので仕方《しかた》なく
本《ほん》を1000冊《さつ》読《よ》んで考《かんが》えた
そしたら意外《いがい》に役立《やくだ》った

2013年８月30日　初版発行

著者／堀江貴文《ほりえたかふみ》

発行者／井上伸一郎

発行所／株式会社角川書店
東京都千代田区富士見2-13-3　〒102-8078
電話／編集 03-3238-8555

発売元／株式会社KADOKAWA
東京都千代田区富士見2-13-3　〒102-8177
電話／営業 03-3238-8521

http://www.kadokawa.co.jp/

印刷所／大日本印刷株式会社

製本所／大日本印刷株式会社

ISBN 978-4-04-110528-3　C0030